중학생인 우리 아이, 왜 공부가 싫을까?

중학생인 우리 아이, 왜 공부가 싫을까?

초판 1쇄 인쇄일	2023년 5월 10일
초판 1쇄 발행일	2023년 5월 15일
지은이	최기선
펴낸이	최길주
펴낸곳	도서출판 BG북갤러리
등록일자	2003년 11월 5일(제318-2003-000130호)
주소	서울시 영등포구 국회대로72길 6, 405호(여의도동, 아크로폴리스)
전화	02)761-7005(代)
팩스	02)761-7995
홈페이지	http://www.bookgallery.co.kr
E-mail	cgjpower@hanmail.net

ⓒ 최기선, 2023

ISBN 978-89-6495-270-2 43370

책으로 만나는
'혜기에듀 자기주도학습 프로그램'

중학생인 우리 아이,
왜 공부가 싫을까?

최기선 지음

북갤러리

추천의 말

대한민국은 과거나 지금이나 입시 열풍이다. 나는 지난 기숙학원에서 시간을 보내며 수많은 학생들을 만났지만 자신이 스스로 어떻게 공부하는지 아는 학생들은 극히 드물었다. 최기선 강사는 내가 본 입시 코치 중 가장 탁월하게 학생들의 잠재능력을 키워낼 수 있는 사람이다. 가장 본질에 맞는 학습법으로 아이를 성공시키고 싶은 부모라면 이 책을 반드시 읽어봤으면 한다.

박세니, 《멘탈을 바꿔야 인생이 바뀐다》 저자

나는 강의에만 1억을 넘게 들였고, 온라인 강의 플랫폼에서 일했으며, 현재는 교육업 전문 마케팅 회사를 운영하고 있다. 교육업계는 유행에 편승하여 반짝 떠올랐다가 사라지는 사람들이 90% 이상이다. 그러나 저자는 유행에 따르는 내용을 가르치지 않는다. 누가 어디서 어떤 공부를 하든 적용이 가능한 본질적인 자기주도학습법을 알려주고, 경쟁력 있는 인재를 키워낸다. 이 책은 그의 모든 노하우가 담겨 있다.

조현우, 《탁월함의 그릇》 저자

학교에 찾아오는 수많은 강사가 있었지만, 최기선 강사만큼 확신 있는 눈을 가진 사람을 보지 못했다. 대부분 강사들은 고기를 잡아 아이들에게 주고 싶어 했다. 그러나 그는 아이들이 직접 고기를 잡아 조리하는 법까지 알려준다고 했다. 그를 믿고 맡긴 결과, 아이들의 성적 상승은 물론이고 삶의 질이 향상되는 것을 볼 수 있었다.

김인섭, 충주 대원고등학교 교장

30년 가까이 교직생활을 하면서 다수의 학생들이 기억에 남지만 가장 뿌듯했던 일은 최기선 강사를 키워낸 일이다. 전교 최하위권을 맴돌던 그가 전교 1등을 하고 지금은 학생들의 멘토가 되어 있는 모습을 생각하면 웃음이 절로 난다. 최기선 강사는 '공부의 왕도'를 누구보다 잘 알고 있는 사람이다. 저자의 책을 통해 학생들은 자신에게 맞는 학습 방법을 익히게 될 것이며, 학부모들은 자녀의 학력 향상에 도움이 되는 여러 가지 정보들을 얻게 될 것이다.

신동승, 충주 대원고등학교 교감

289등, 전교 1등이 되다!

고등학교 1학년 전교 289등이었던 필자는 다음 해인 2학년 1학기, 전교 1 등이 됐다. 고1 시절 289등이라는 성적에 무력감을 느끼며 공부를 포기했던 순간이 아직도 생생하다. 지금 생각해보면 그때의 필자는 공부뿐 아니라 나 자신을 놓아버린 상태였다.

공부에서 시작된 무력감은 공부를 넘어 모든 곳에 영향을 미쳤다. 매일매 일 자퇴하고 싶은 생각이 들었지만, 당시 담임 선생님의 정성 어린 도움으로 그 상태를 벗어나 도전을 다시 시작할 수 있었다.

중학생 시절

중학생 때 필자의 수학 실력은 100점 아니면 하나 틀리는 정도였다. 부모 님께서 "우리 아들은 수학을 참 잘하는구나." 하고 칭찬해줄 때가 많았다. 그래서 다른 과목은 공부를 안 하더라도 수학만큼은 열심히 했다. 필자의 수학 실력은 당연히 최상위권인 줄 알며 지냈다.

하지만 그 생각은 고등학교에 진학하고 점점 약해지기 시작했다. 첫 모의고사를 봤는데, 수학은 68점으로 2등급을 받았다. 괜찮은 성적이라고 할 수도 있겠지만, 수학만큼은 자신감이 하늘을 찌르던 필자에게 60점대의 성적은 너무 충격적이었다.

믿었던 수학에서 최상의 점수를 못 받았다는 게 자존심이 상했다. 하지만 다음 모의고사에선 거기서 더 떨어져 3등급이 되었고, "난 이제 수학도 안 되는구나······. 공부는 이제 가망이 없다." 하면서 공부를 포기해버렸다. 결국 1학년 1학기 성적은 전교 289등으로 마무리됐다. 이 시절엔 자퇴에 관한 생각도 정말 자주 했던 것 같다.

담임 선생님의 제안

어느 날 담임 선생님이 필자를 교무실로 불렀다. 최하위권인 성적에 비해 수학만 꽤 높은 게 특이했었나 보다. 담임 선생님은 "네 수학 성적을 보니까 공부 머리는 있는 것 같은데, 왜 안 하냐. ○○반에서 한 번 다시 열심히 공부해 봐라."라며 기회를 주었다(참고로 ○○반은 상위권 학생들을 관리하는 학교 시스템이었다).

인정받은 것 같은 기분에 너무 기뻤고, '나 정말 가능성이 있는 사람인가?'

하는 생각마저 들었다. 공부 쪽으로는 기대가 없으셨던 부모님도 담임 선생님께서 한 말씀을 듣고는 다시 기대를 걸기 시작했다. 그렇게 1학년 여름방학부터 ○○반에서 다시 공부하기 시작했다.

당시 가정 형편이 그렇게 좋지 않았기 때문에 학원에 다니지 못했다. 그저 학교 정규 수업 이후에 ○○반 인원들만 따로 모여 야간자습을 하는 게 내 공부의 전부였다. 지방 학교였고, 13~14년 전의 남고는 대체로 선생님들이 과격한 편이었다. 담당 선생님들은 ○○반 학생들을 철저히 감시했고, 공부하지 않으면 때렸다.

환경의 중요성

솔직히 ○○반에 들어갔다고 해서 바로 마음을 다잡았던 건 아니다. 그저 맞기 싫어서 어쩔 수 없이 공부했다. 억지로 공부했음에도 2학기 성적은 전교 30등이었다. ○○반에선 거의 꼴찌 수준이었지만, 289등이었던 지난 1학기 성적에 비하면 엄청난 상승이었다.

지금 생각해보면 그 시절의 필자는 정말 비효율적으로 꾸역꾸역 공부했었다. 그래도 공부시간 자체가 많다 보니 성적이 어느 정도는 나온 것이다. 이런 경험 덕에 필자는 학생의 '의지력'도 중요하지만, '주변 환경'을 갖추는 것이 우선이라는 사실을 일찍 깨달을 수 있었다.

물론 ○○반 같은 경우는 극단적인 상황이었다. 필자가 말하고 싶은 부분은 아이를 혼내라는 것이 아니라 '공부를 할 수밖에 없는 환경'을 조성하라는 것이다.

"당신은 의지가 약하다! 지금 당장 행동하라!"

동기부여 관련 책이나 영상에서 자주 보이는 말이다. '의지력'에 대한 건 주로 1960년대에 연구되던 내용이다. 1980년대부터 현대에 이르러서는, 의지력보다 먼저 '주변 환경'을 변화시켜야 한다는 쪽으로 귀결되고 있다.

자습 지도

그리고 강사가 된 이후로는 휴일마다 학생들을 모집해서 오전부터 저녁까지 쭉 함께 공부해오고 있다. 그렇게 하는 이유는 학생들에게 '열심히 한다.'라는 명확한 기준을 잡아주기 위함이다. 많은 학생과 학부모가 "정말 열심히 공부 많이 했는데 성적이 그만큼 나오질 않아요."라고 말하며 속상해한다.

필자와 함께 공부해본 학생들은 열심히 했다는 말을 쉽게 하지 않는다. 이유는 학생들과 공부를 시작하기 전에 다음과 같이 말하기 때문이다.

"지금부터 100분 동안 쭉 공부할 거야. 공부하다가 잡념이 들면 나를 봐. 내가

집중하고 있으면 너네도 다시 시작하는 거야. 알겠지? 최상위권 학생들은 매일매일 나처럼 공부하고 있어."

공부가 끝난 뒤엔 학생들에게 물어본다.

"이제 열심히 한다는 게 어느 정도인지, 최상위권 친구들이 어떻게 공부하는지 알겠지? 너희들도 이렇게 하면 돼. 그러면 최상위권이 되는 거야."

실제로 나와 이렇게 공부한 중하위권 학생 중 다음 시험에서 평균이 10~15점씩 상승하는 경우는 정말 많다. 그리고 최상위권으로 도약하는 아이들도 있다. 수백 명의 학생을 지도해본 결과, 학생들의 90% 이상은 '공부 시간' 자체가 확보되어 있지 않아서 성적이 안 나온다는 결론이 나왔다.

좋은 학원, 좋은 선생님을 찾기 전에 공부시간을 확보해주어야 한다. 일반고 기준으로 상위 10% 밖이라면 공부시간 자체가 적을 가능성이 크다. 지금까지 필자가 본 학생들은 예외 없이 그랬다.

공부에 대한 재미

필자가 전교 1등까지 도약할 수 있던 원동력이 되어준 과목은 사실 수학이 아니라 영어다. 영어는 내 취약과목이었다. 어느 정도였냐면 모의고사 기준

35점을 받았던 적이 있을 정도다. 듣기 반타작에, 독해 문제들을 찍다시피 하면 이와 같은 성적이 나온다.

그러던 중 고2로 올라가는 겨울방학, 우연히 인터넷 강의를 접하게 됐다. 그 당시 메가스터디의 심우철 선생님 강의를 들었었는데, '아! 내가 이래서 영어를 못하는 거였구나!'라는 큰 깨달음이 있었다.

'영어는 이렇게 공부해야 하는 거구나!' 영어가 정말 너무 재밌어졌었다. 진심으로 '게임하는 것만큼' 영어가 재밌었다. 아침에 영어를 공부하다 보면 '어? 벌써 점심시간이야?'라는 생각이 들었고, 밤에 공부하다 보면 '어? 벌써 새벽 2시네. 더 할 수 있을 것 같은데?' 싶어서 새벽 4시까지 온종일 영어만 공부한 적도 있었다.

영어 덕분에 다른 과목들도 더욱 자신감이 붙었다. 미친 듯이 공부했다. 주말 기준 하루 14시간 정도 공부했다(그냥 14시간이 아니다. 어느 정도로 집중했는지는 앞에서 언급했다). 그렇게 겨울방학을 보냈고, 2학년 1학기 중간고사에서 전교 1등을 했다.

상위권에서 최상위권으로 가기 위해서는 적어도 아래의 두 가지 중 하나는 충족되어야 한다(공부시간 확보는 기본이다).

1. 공부 자체에 대한 흥미
2. 성적 향상에 대한 강렬한 확신

하나는 공부 자체에 대한 흥미를 느끼는 것이다. 시험에서 고득점도 중요하지만, 순수 학문으로서 지식탐구의 재미를 느끼는 학생들이 있다. 이런 경우 최상위권으로 도약하게 되는 모습을 많이 봤다.

또 하나는 성적 향상에 대한 '강렬한' 확신이다. 종종 "너는 하기만 하면 되는데 왜 하질 않니?"라는 소리를 듣는 아이들이 있다. 겉으론 여러 이유를 댈수 있지만, 근본적인 이유는 '정말 열심히 했는데 안 되면 어떡하지?'라는 생각이다. 100%의 확신이 없는 것이다.

현황

여러 중·고등학교에서 '자기주도학습'에 대한 특강을 진행하고 있다. 컨설팅, 그룹 클래스를 진행하기도 한다. 필자가 전달하는 여러 메시지가 있지만, 결국엔 하나로 귀결된다.

"제대로 된 공부방법을 숙지해서 성적 향상에 대한 확신을 갖는다."
"확신이 커질수록 재밌어진다. 시키지 않아도 미친 듯이 공부한다."

엄청난 공부 스킬이란 존재하지 않는다. 오히려 잡다한 스킬로 현혹하는 사람들을 경계하고, 올바른 방향으로 정진하도록 이끌어 주는 게 중요하다. 아무리 좋은 가르침을 받더라도 이전 시험과 비교했을 때 자습량이 같다면 성적은 그대로일 것이다. 이전 시험보다 더 많이 자습했다면 성적은 향상된다. 공부시간 확보, 단순한 명제지만 학생 대부분이 놓치고 있는 부분이기도 하다. 이를 무시한 채로는 학원, 과외 등 그 무엇을 하든 밑 빠진 독에 물 붓는 상태가 될 수밖에 없다.

289등, 전교 1등이 되다!

처음 전교 1등을 했을 때 느꼈던 신기한 감정들이 아직도 생생하다. 중간고사 바로 전날까지도 최상위권은커녕 전교 1등이 될 거란 생각 자체를 하질 않았다. 그런데 첫날 치른 세 과목 모두 100점을 받았다. 그때부터 실감이 나기 시작했다.

"어? 내일도 이렇게 받으면 1등인 건데……?"

다음날 나머지 두 과목에선 100점, 그리고 하난 84점인가를 받았었는데 결국 전교 1등을 했다. 입시공부를 하는 많은 학생이 자신의 한계를 만들어버리고, 무력감에 빠지는 모습이 보인다. 자존감이 깎여나가고, 희망찼던 내면의 생각들이 점점 부정적인 것들로 채워지고 있다.

필자가 궁극적으로 교육하고자 하는 건 대학입시교육이 아니다. 많은 학생이 공부를 통해 자기 자신에 대한 확신을 키워나갈 수 있도록 만들어주려고 노력하고 있다. 자신감에 찬 상태로 성인이 되고, 올바르게 기능할 수 있도록 만들어주고 싶은 마음이 크다. 그래서 앞으로도 계속 열심히 달려나갈 것이다.

02

수많은 스카우트 제의를 전부 거절하고, '혜기에듀'를 만든 이유

수학 강사로 활동하면서 많은 스카우트 제의를 받았었지만, 전부 거절하고 2021년 8월에 '혜기에듀'를 시작했다. 그 이후로 하루하루가 새로운 도전이다.

수학 강사가 되다

고등학교 2학년 때 처음으로 '수학 강사'가 되기로 했다. 그 계기는 참 단순했다. 주변 친구들이 필자에게 수학 문제를 물어볼 때마다 "기선아, 네가 설명해주는 건 꼭 선생님이 설명해주는 것 같아."라고 말해줬기 때문이다. 그런 칭찬이 듣기 좋았고, 순간 '아! 나는 누군가에게 설명하는 것을 좋아하는 구나.'라는 사실을 깨달았다.

필자의 적성을 일찍부터 알게 된 건 정말 행운이라고 생각한다. 가끔은 '내가 만약 1학년 때 담임 선생님을 만나지 못해 적성을 찾지 못했다면 어땠을까?' 이런 생각이 들 때도 있다. 그래도 결국엔 내가 원하는 게 무엇인지 찾아내긴 했을 것 같긴 하다.

대학을 졸업하자마자 바로 계약되어 있던 학원에서 고등부 수학 강사로 일하기 시작했다. 직접 만든 교재와 넘치는 열정으로 열심히 수업하고, 이것저것 연구하고 준비했다. 그렇게 강사 경력 1년 6개월 만에 처음으로 원장직 제안을 받았다.

입시 사교육에 대한 회의감

원장님의 인정과 분원에 대한 원장직 제안은 정말 감사했지만, 많은 고심 끝에 결국 거절했다. 아직 강사로서의 실력을 더 키우고 싶은 것도 있었지만, 동시에 회의감이 들기 시작했기 때문이다.

'아이들이 정말 입시 학원에 다니는 것만이 답일까?'

고등학생 때 열심히 공부했고, 좋은 대학에 입학하고 졸업했다. 그리고 되고 싶었던 수학 강사가 됐고, 더 유능한 강사가 되기 위해 열심히 살아가는 게 개인적으론 정말 즐겁고 행복했다. 그런데 내가 아닌 '아이들'에게 초점을 맞출수록 의문이 들었다.

'국·영·수·탐 학원에 맹목적으로 의존하는 게 정말 올바른 선택인가?'

아이가 집에선 공부를 하질 않으니 학원에라도 보내는 경우가 많을 것이다. 하지만 '집에서 새는 바가지, 들에 가도 샌다.'는 속담이 있듯, 집에서 안 하는 아이가 학원에서 열심히 공부할 리가 없다.

실제로 강의실 강단에 서서 아이들을 바라보면 정말 안타까울 정도로 대부분 눈빛이 죽어있다. 본인이 왜 강의실에 있어야 하는지 의미를 찾지 못한 표정들이다. 필자는 이런 의미 없는 수업료를 받으며 살아가고 싶지 않았다.

아이들에게 진정으로 중요한 것

성적 향상을 위해 아이에게 중요한 건 뭘까. 좋은 학원에 다녀야 한다고 생각할 수도 있겠다. 그런데 어떤 학원이 좋은 학원일까.

"여기에 전교 1등이 다닌대."

"여기가 선행학습 진도를 아주 잘 빼준대."

학원 선택의 기준을 혹시 위와 같이 생각하고 있진 않은가.

"○○엄마, 그 학원 별로야. 빨리 그만두고 ○○로 옮겨."

주변 엄마들의 말을 들으면 왜 흔들릴까. 그 이유는 '제대로 된 기준'을 갖고 있지 않기 때문이다. 주체적으로 결정할 수 없는 상태인 것이다. 성적 향상을 위해 가장 먼저 갖춰야 할 능력은 '주체성'이다. '제대로 된 공부방법'을 숙지하고, 그것을 기준으로 본인에게 필요한 학원을 직접 선택할 수 있어야 한다.

학습의 주체는 누구여야 할까?

어떤 수학학원이 있다고 해보자. 어느 날 선생님께서 소단원 3, 4, 5 진도를 나갔고, 그 부분에 대해 워크북을 풀어오도록 숙제를 냈다. 두 학생 A와 B가 있는데, 둘의 생각이 조금 다르다. A는 '와! 오늘 3개 단원이나 풀어야 하네. 부지런히 해야겠다!' 생각하고 성실하게 숙제를 한다.

반면에 B는 조금 독특한 생각을 한다. '난 3, 4단원은 잘 이해됐어. 반면에 5단원은 아직 너무 서툴러. 5단원을 더 집중적으로 공부해야 해. 그리고 지난번에 배웠던 2단원도 다시 봐야 할 것 같아.' 이렇게 생각을 한다. 숙제로 하라고 한 건 안 하고, 오히려 숙제가 아닌 부분을 공부할 생각을 하고 있다.

여기서 질문. A 학생은 학습의 주체가 누구인가? 또 B 학생은 학습의 주체가 누구인가? A 학생은 '학원'이 학습의 주체인 상태다. 참 성실해 보이긴 하지만, 본인의 의견이 없고 그저 남이 시키는 대로 할 뿐이다. 반면에 B는 어떤가. '자기 자신'이 학습의 주체라는 게 느껴지는가.

아이의 '주체성'을 키워주어야 한다

최상위권 학생들은 어떻게 공부할까. 앞의 상황에서 A와 B 중 누가 최상위권 학생의 모습일까. 당연히 B 학생이다. 최상위권 학생들의 공통점은 '주체성'을 갖추고 있다는 사실이다. 타인의 일방적인 강요에 끌려가지 않는다. 실제로 "선생님이 하라는 숙제 중에서 1이랑 3은 필요한 것 같은데, 2는 왜 해야 하는지 모르겠어요." 이런 식으로 되물어볼 때도 많다.

현재 최상위권이 아니더라도, 주체성과 제대로 된 공부방법을 갖춘 상태로 성실하게 공부에 임한다면 최상위권으로 도약하는 건 시간문제다. 우리 아이의 모습이 A 학생과 B 학생 중 어떤 모습이었으면 좋겠는가.

필자는 B 학생 같았으면 좋겠다. 내가 지도하는 아이들을 전부 B 학생처럼 만드는 게 필자의 목표다. 주체성을 갖고, 책임감을 느끼고 자기 일에 임하는 아이들이 많아졌으면 좋겠다. 성적 향상은 물론이고, 더욱 훌륭한 어른으로 성장할 거라고 굳게 믿고 있다.

자기주도학습 컨설턴트가 되다

결국 필자는 수학교육 관련 스카우트 제의들을 전부 거절하고 학원을 뛰쳐 나왔다. 자기주도학습 컨설턴트가 되기로 한 것이다. 아이들에게 '주체성'을 심어주고 싶다. 지금도 종종 수학 강사 스카우트 제의가 들어오지만, 무시하고 필자가 옳다고 생각하는 방향으로 나아가는 중이다.

"왜 편한 길이 있는데 굳이 어렵게 가려고 하니?"

처음엔 주변 사람들과 가족들이 많이 걱정했다. 위와 같은 말을 자주 들었다. 하지만 자기주도학습 분야에서 계속해서 좋은 성과들을 만들어내자 지금은 안심하고 필자의 길을 지지해주고 있다.

현재 필자에게 배우는 아이들은 대부분 다니던 학원을 그만두고 스스로 공부하고 있다. 학원 도움 없이 혼자 공부하는데도 성적이 향상되고 있다. 적어도 떨어지지는 않는다. 이런 결과들이 하나하나 쌓일 때마다 정말 기쁘고, 살아있음을 느낀다. 공부에 대한 명확한 기준이 없어 휘둘렸을 뿐, 기준만 확립되면 스스로 판단할 수 있고, 좋은 결과를 본인 힘으로 충분히 만들 수 있다는 믿음이 더욱 확고해진다.

기회는 기다리는 것이 아니라, 만드는 것이다

강사 일을 처음 시작했을 때부터 항상 제자들에게 솔선수범을 보여왔다. 휴일이면 학생들을 학원에 불러 함께 공부했었다. 아마 이렇게 일에 미쳐있었기 때문에 빠르게 성장할 수 있었고, 원장 선생님께 인정을 받을 수 있었던 것일 거다. 아이들에게 다음과 같은 말을 자주 했다.

"지금부터 100분 동안 쭉 공부할 거야. 공부하다가 잡념이 들거나 집중이 흐트러지면 나를 봐. 내가 공부하고 있으면 다시 시작하는 거야. 내가 공부하는 모습이 최상위권 친구들이 공부하는 모습이야."

그리고 수학학원을 그만둔 지금은 필자가 삶에 임하는 태도 자체를 제자들에게 몸소 보여주고 있다.

"기회는 기다리는 게 아니라 만드는 거야. 철저하게 준비했으면, 직접 기회를 만들면 돼."

실제로 자기주도학습 프로그램을 개발한 뒤, 1:1 지도를 통해 '내 수업을 들으면 2개월 안에 학원 도움 없이 아이 스스로 공부할 수 있게 된다.'라는 것을 증명했다. 그리고 바로 전국의 학교를 직접 찾아다니며 교장, 교감 선생님들에게 필자의 프로그램을 제안했다.

그 과정에서 많이 거절당하기도 했다. 하지만 거절당했다고 해서 위축되거나 다른 학교로 도망치진 않았다. 거절한 학교를 다음 주에 다시 찾아갔다. 거절당할 때마다 "어떤 부분이 마음에 들지 않으세요?"라고 물어보기도 하고, 피드백을 주면 개선한 다음 다시 찾아가기도 했다. 선생님들이 결국 필자에게 마음을 열었고, 계약에 성공했다. 그 결과 현재 여러 학교에 자기주도학습 컨설턴트로 출강하고 있다.

도전적인 삶

한마디로 필자는 지금 '도전적인 삶'을 살고 있다. 도전하고 나면 수많은 영감이 떠오른다는 사실을 깨달았다. 이젠 거절당하는 것 자체도 꽤 흥미롭고 재미있다. 거절을 달관할 수 있는 이유는 '지금은 상대방이 내 교육의 가치를 알아차리지 못한 것뿐, 결국엔 알아봐 줄 것'이란 확신이 있기 때문이다. 그리고 결국 뜻한 대로 만들어내고 있다.

필자에게 배우는 제자들이 최소한 나처럼 살았으면 좋겠고, 나보다 더 잘 살아갔으면 한다. 어린 나이에 삶에 대한 태도를 깨닫게 되면, 당연히 나보다 훨씬 큰 성과를 만들어가며 살아갈 거라고 확신한다.

대학 입시 때문에 꿈이 작아지고, 자기 자신의 한계를 제한하고 움츠러드는 아이들을 도와주고 싶다. 대학 간판이 인생에 있어 필수요소라고 생각하진 않지만, 아이들이 주체성을 갖는 건 필수다. 본인이 진정으로 하고 싶은 일이 무엇인지 주체적으로 탐구하고, 남이 시키는 대로만 하며 살지 않고 본인이 '되고 싶은 사람'이 될 수 있도록 이끌어 주고 싶다.

03

우리 아이는 왜 스스로 공부하지 않을까?

자기주도학습이란 뭘까. 사전적 정의는 '학습자 스스로 학습계획을 설계하고 실행, 평가하는 것'이다. 스스로 공부하는 게 중요하다는 건 누구나 알고 있다. 문제는 우리 아이가 스스로 공부하지 않는다는 사실일 것이다.

아이 스스로 공부하게 만들기 위해선 자기주도학습을 더 세세하게 파헤쳐 봐야 한다. 크게 두 가지로 나눠볼 수 있다. 하나는 '학습의 주체'다. 학습의 주체는 당연히 자기 자신이어야 한다. 하지만 극소수를 제외한 나머지 학생들은 학습의 주체가 학원 또는 과외 선생님이다. 부모님이 학습의 주체인 경우도 있다. 그저 '타인'이 시키는 대로 맹목적으로 따라가고 있다.

자기주도학습에서 살펴봐야 할 두 번째는 '학습계획 설계'다. 실행과 평가도 중요하겠지만, 자기주도학습이 되지 않는 가장 큰 이유는 제대로 된 학습

계획을 설계하지 못하기 때문이다. 기준을 갖추고 있지 못하기 때문에 주변의 말에 쉽게 휘둘리고 우리 아이의 공부 상태를 계속해서 의심하게 된다.

올바른 학습계획을 설계하기 위해선 '과목별 핵심능력'을 알아야 한다. 과목별 핵심능력을 이해하고 나면, '해야 할 공부'와 '하지 말아야 할 공부'를 명확하게 구분할 수 있게 된다. 그리고 우리 아이가 현재 하고 있는 공부 대부분이 '하지 말아야 할 공부'들로 세팅되어 있다는 사실을 깨닫게 될 것이다. 하지 말아야 할 공부를 하면 시간만 낭비되고 아이에게 남는 건 아무것도 없다.

이 책을 통해 공부에 대한 명확한 기준을 제시해주겠다. 대학 입시를 목표로 내신, 수능을 준비하기 위해서 반드시 지켜야 하는 영역이 무엇인지 알려주겠다. 이를 토대로 우리 아이가 지금 당장 해야 하는 공부가 무엇인지 알게 될 것이다. 어떻게 훈련해야 할지 알게 될 것이다. 그리고 생각보다 입시공부가 굉장히 단순하고 누구나 고득점이 가능하다는 사실을 알게 될 것이다.

"어머나 세상에! 어머니, 아이가 중2인데 아직도 선행학습을 하나도 안 했다고요? 고등학교에 진학해서 후회하면 늦어요. 지금 아이 테스트 결과를 보세요. 현행학습 나가고, 거기에 선행학습까지 병행하셔야 해요."

상담실장의 이런 공포 마케팅에 더는 가슴이 철렁하지 않아도 된다.

"○○엄마, 왜 그 학원을 보내고 있어? 요즘 엄마들 다 옆에 학원으로 갈아타고

있잖아. ○○학원에서 유명한 선생님이 새로 왔어. 얼른 ○○엄마도 이 학원으로 옮겨. 선행학습 진도 아주 잘 빼준대.

주변 엄마들의 말에 휩쓸릴 필요도 없게 될 것이다. 오히려 '○○학원이 좋다더라.' 하며 여기저기 휘둘리고 있는 엄마들의 모습이 안타깝게 느껴질 것이다.

다년간 학부모와 상담하며 학부모들이 정말 필요로 하고 궁금해했던 내용만을 모았다. 또 직접 아이들을 지도하며 결과로 증명한 것들만을 기반으로 실질적인 해답을 제시해줄 것이다. 뜬구름 잡는 이론적인 내용은 존재하지 않는다. 책을 꼭 순서대로 읽을 필요는 없다. 아이의 현재 학년과 공부 상태에 따라 지금 당장 필요한 것들, 앞으로 필요할 것들이라고 생각되는 것들을 읽고 정리해보기 바란다.

차례

STEP 1 공부 안 하는 아이 29

STEP 2 반드시 알아야 할 과목별 공부법 53

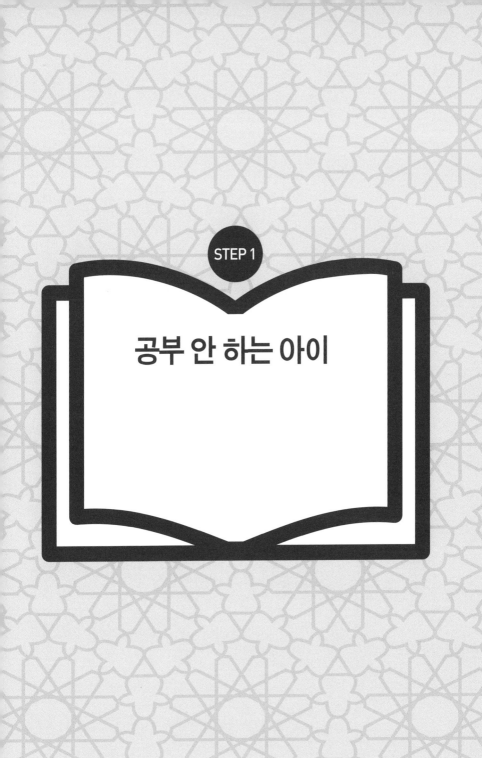

STEP 1

공부 안 하는 아이

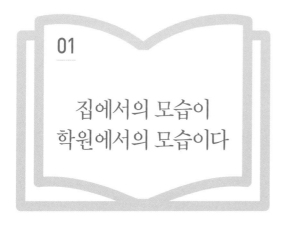

01

집에서의 모습이
학원에서의 모습이다

이럴 때 도움이 돼요!

1. 아이가 집에서 공부를 전혀 하지 않아 걱정일 때

2. 아이가 수학 선행학습을 나가긴 했는데, 잘되고 있는 건지 확인해보고 싶을 때

3. '공부도 안 하는데, 수업이라도 들어야 하지 않나?'라는 생각에 대한 답이 필요할 때

"선생님, 안녕하세요. 중3 아들이 있는데요, 사춘기에 공부도 못하고 하지도 않네요. 책도 안 읽고 이번 기말고사 국어 점수는 40점이에요. 기본 문해력이 너무 좋지 않습니다. 영어 유치원 경험과 초등학생 때 어학원 다닌 것만 믿고 영어공부도 하질 않습니다. 점수도 평균 이하예요. 수학 학원은 꾸준히 다니고는 있는데 열심히 하진 않습니다. 숙제도 잘 안 해가고 선행으로는 수학(하)를 진행하는 중입니다. 수학 성적은 평균이에요."

필자에게 상담 요청을 했던 한 학부모의 고민이었다. 학부모와의 대화를
살펴보자.

현재 수학 선행학습이 잘 진행되고 있는지 확인하는 방법

"수학 선행학습을 진행하고 있는 중이고, 현재 수학(하)를 나가고 있다고
하셨죠?"

"네, 맞아요."

"그럼 수학(상)은 다 나간 건가요?"

"네, 다 나가긴 했는데 잘하진 못하는 것 같더라고요."

"그러시군요. 아이가 선행학습 나간 내용을 얼마나 이해했는지 궁금하진
않으세요?"

"네! 너무 궁금해요. 확인할 방법이 있나요?"

"네, 간단합니다. 지금 학교 수학 성적을 보시면 돼요. 중학교 수학은 그
순간에 배우고 끝인 게 아니라, 고등수학에 그대로 적용되거든요. 마치 아이
가 초등학생 때 배운 사칙 계산, 분수 연산이 중학교 수학에 자연스럽게 계속
쓰이는 것처럼요."

"그러네요."

"고등수학 내용이 어느 정도 이해가 된 상태였다면 현재 학교 시험 문제는
너무나도 쉽게 풀어냈을 겁니다. 중학생 아이한테 곱셈, 나눗셈 연산을 문제

로 내면 틀리는 아이가 거의 없는 것처럼요. 계산 실수로 100점을 못 받았다고 하더라도 90점은 충분히 넘었겠죠?"

필자와 이런 대화를 나누지 않았더라도 학부모도 충분히 알고는 있었을 것이다. 다만, 본인의 생각이 맞다는 사실을 직시하기 어려워서 계속 회피하고 있던 것이다. 그렇게 아이에게 맞지 않는 수업을 계속해서 듣게 할수록 시간만 낭비되고, 수학에 대한 흥미가 점점 더 떨어질 뿐이다.

중학생 아이 중 정말 많은 인원이 수학 선행학습을 진행하고 있다. 그중 80% 이상이 보여주기식의 의미 없는 선행학습이 진행되고 있다고 보면 된다. 대부분 아이가 기본유형 문제조차 잘 풀어내지 못한다. 개념에 관해 물어봤을 때 대답하지 못하는 건 당연하다. 선행학습 1~2년 치를 나갔음에도 현재 중학교 수학 성적이 100점은커녕 90점도 나오지 않는 경우가 태반이다. 대치동 학군지처럼 경시대회급의 문제를 출제하는 게 아닌 이상 중학교 수학 내신에서 100점을 받는 건 어려운 일이 아니다. 아이의 수학 성적이 95~100점이 아니라면, 지금 하고 있는 수학 선행학습은 분명히 잘못되고 있는 것이다.

아이가 공부를 너무 안 하는데 정말 이대로 둬도 될까요?

오래전에 지도했던 한 아이가 있다. 당시 중학교 3학년이었는데, 공부하는 것을 너무나도 싫어하는 아이였다. 학부모로부터 연락이 왔다.

"선생님, 아이가 선생님께서 봐주시는 시간 외에는 전혀 공부를 하고 있지 않은데 이대로 둬도 될까요? 학원에 다시 보내는 게 낫지 않을까요……?"

이 아이와 상담을 진행하며 다니고 있는 학원의 교재, 프린트, 수업방식, 아이의 수업 이해도를 봤을 때 다니고 있는 모든 학원을 그만두는 게 더 나은 상태였다. 그리고 아이와 학부모는 필자의 조언 대로 다니고 있던 학원을 그만뒀다.

"아이 모습이 너무 답답하시죠? 집에서 공부를 전혀 하지 않고 있는데 저렇게 두느니 차라리 학원에라도 가서 조금이라도 배워 오는 게 낫지 않을까 싶으실 거예요. 하지만 제가 장담하는데, 학원 보내지 않아도 성적이 오르면 올랐지, 절대 떨어지지 않을 거예요. 집에서의 모습이 학원에 간다고 갑자기 바뀌지 않아요. 학원에 보내더라도 지금 어머니께서 보시는 태도로 학원 수업을 듣는다고 생각하시면 정확합니다."

평상시에 공부를 안 하는 아이를 학원에 보낸다고 해서 절대로 열심히 공부하지 않는다. 그냥 멍하게 있으면서 선생님이 풀어주는 문제만 받아적고 있을 뿐이다. 수업이 언제 끝나나 시계만 쳐다볼 것이며 선생님이 재밌는 이야기를 해줄 때만 눈이 반짝일 것이다. 그래도 시험이 1~2주 남았을 때는 나름으로 열심히 공부한다. 하지만 시험 1~2주 전에는 공부를 완전히 포기한 극소수의 학생이 아닌 이상은 모두 열심히 한다. 공부를 능동적으로 하지 않는 아이들은 학원을 그만두더라도 성적이 떨어지지 않는다.

1. 아이가 수학 선행학습을 1년 치 이상 진행했는데 학교 수학 점수가 90점도 되지 않는다면, 보여주기식 선행학습이 진행됐을 뿐 아이에게 남아 있는 내용은 하나도 없다고 봐야 한다.

2. 아이가 집에서는 공부를 하지 않으니 학원에라도 보내려는 경우가 많다. 집에서 공부하는 아이의 모습이 학원에서 공부하는 모습 그대로라는 점을 명심해야 한다. 학원에 가 있는 시간엔 아이가 열심히 공부할 거란 상상은 하지 말자.

02

공부를 잘하기 위해 더 먼저 해야 하는 것

이럴 때 도움이 돼요!

1. 과목별 중학교 내신 시험 준비를 어떻게 해야 할지 잘 모르겠을 때

2. 공부를 너무 안 하는 아이에게 과목별로 꼭 시켜야 하는 게 뭔지 궁금할 때

학원을 한 달도 아니고 일주일에 한두 번씩 결석하는 아이들이 종종 있다. 이런 아이들조차도 대부분 적절한 관리를 받으면 출석률이 많이 높아진다. 하지만 그중에서도 공부에 대한 저항이 매우 심한 아이가 있었다. 거의 일주일에 한 번은 꼭 결석했다. 수업을 종료하고 싶은 마음도 들었지만, 한편으로 오기가 생기기도 했다. 필자가 학부모에게 자주 하는 말 중 하나가

"어머니, 학원 전부 그만두셔도 돼요. 성적 안 떨어집니다."

라는 말이다. 이 아이도 학원을 모두 그만두더라도 성적이 떨어지지 않는

다는 사실을 보여주고 싶었다. 2학기 중간고사를 치른 결과, 아이의 성적은 예상대로 떨어지지 않았다. 오히려 올랐다. 50점이었던 국어 성적이 90점으로 올랐다. 수학은 그대로 70점 중반이었고, 영어 성적은 70점에서 60점으로 떨어졌다. 과학, 역사는 지난 시험에서 전부 20점대였는데 이번 시험에서는 과학 80점, 역사 40점을 받았다.

아이의 출석률도 좋지 않고, 출석해서 공부하는 날도 적게는 20분에서 많게는 1시간 이상 지각하기 일쑤였다. 하루 평균 1시간~1시간 30분 공부하는 게 전부였다. 학원은 전부 그만둔 상태였다. 그런데도 아이의 성적이 평균 50점에서 70점으로 오를 수 있던 가장 큰 이유는 '과목별 밸런스'를 잘 조절했기 때문이다. 한 과목에만 치중하지 말고, 모든 과목을 균형 있게 공부해야 한다는 사실은 모두가 알고 있다. 중요한 건 그 구체적인 전략일 것이다. 한 과목씩 살펴보겠다.

국어 내신 대비

기존 아이가 다니던 국어 학원에서는 자습서에 평가 문제집을 푸는 것은 기본이고, 거기에 여러 문제집과 기출 문제를 하루에 수십 문제를 풀게 했다. 많은 국어 학원들이 이런 식으로 시험 대비를 시킨다. 아이들은 공부를 국어만 하는 게 아니다. 하루에 90분을 공부하는 아이가 국어에 투자할 수 있는 시간은 일주일에 2시간이 한계다. 너무 답답하고 더 시키고 싶지만, 이게 현실이다. 그래서 필자는 아이에게 국어 자습서만 공부하게 했다. 그중에서도 자습서에 있는 연습 문제는 전혀 풀지 않았다. 작품을 읽게 하고 학습 활동의 문제에 완벽하게 대답할 수 있게만 했다. 수학을 제외한 나머지 과목은 문제 풀이에 비중을 두지 않아도 된다. 특히 국어는 작품을 여러 번 반복해서 읽고, 학습 활동에 아이가 정확하게 대답하도록 여러 번 교정해주는 것이 중요하다.

생각보다 가장 기본이 되는 학습 활동 문제에 대해 정확하게 답하지 못하는 아이들이 많다. 이런 아이들이 문제를 풀고 나면 과연 오답 분석을 정확하게 할까. 수백 수천 문제를 풀더라도 본인이 알고 있는 것만 답하고, 모르는 건 계속 모르는 답을 찍을 뿐이다. 잘못된 자세로 반복적인 연습을 하면 건강해지기는커녕 오히려 건강이 악화될 뿐이다. 공부도 마찬가지다.

수학 내신 대비

많은 수학 학원에서 고난도 문제까지 대비해준다며 《ㅇㅇㅇㅇRPM》, 《SS수학》 등의 유형서뿐 아니라 《××수학》, 《××라벨》, 《ㅇ급수학》 등 심화 문제집까지 풀게 한다. 아이가 다니고 있던 수학 학원도 마찬가지였다. 정작 일반 유형서의 대표문제를 어떻게 푸는지 물어봐도 대답하지를 못한다. 그래서 필자가 아이에게 지시한 건 《SS수학》 A단계 문제(기본연산 문제)와 B단계에서도 대표문제만 두 번 반복하게 했고, 공부한 문제에 대해서 확실하게 설명할 수 있도록 지도했다. 문제량으로 비교해본다면, 기존 학원에서 1,000문제 이상을 풀게 했다면 필자는 50문제를 두 번 반복시켰을 뿐이다. 훨씬 적은 시간을 투자해서 같은 점수를 얻은 것이다.

아이의 수학 점수는 그대로였지만, 사실 학교에서 시험 난이도를 이전보다 매우 어렵게 냈었다. 실질적으론 수학 성적도 오른 것이다. 수학문제집은 보통 유형별로 나누어져 있다. 대표문제가 있고, 아래에 비슷한 문제가 두세 개 더 있다. 맨 위에 있는 대표문제들부터 설명할 수 있을 정도로 확실하게 숙지시키는 것이 중요하다.

영어 내신 대비

영어에서 고득점을 받는 방법은 간단하다. 본문을 통으로 외우게 하면 된다. 학생의 영어 기본기에 따라 본문을 외우는 게 수월하게 되는 경우가 있고, 정말 많이 반복해서 겨우 외우는 차이가 있을 뿐이다. 하지만 이 아이는 영어 본문을 통으로 외우기에는 확보된 공부시간이 매우 적었다. 또 영어 기본기도 좋지 않았다.

필자가 우선으로 시킨 것은 시험 범위에 대한 단어 암기였다. 아이의 학교 기출 문제를 검토해본 결과 객관식 선지가 안타깝게도 전부 영어였기 때문이다. 한글 해석을 옆에 펴 놓고 공부하게 했다. 일단 본문의 구체적인 줄거리를 한글로라도 숙지하게 한 것이다.

영어 내신 준비에서 가장 중요한 부분이 문법이다. 본문 줄거리에 관한 내용은 정답률이 매우 높다. 영어 내신에서 학생들의 점수가 갈리는 건 문법이다. 그래서 많은 영어학원에서 문법 내용을 과도하게 준비시키는 경우가 많다. 문법 문제를 준비하는 데에도 단계가 있다. 교과서를 보면 단원별 문법 정리 파트가 있다. 그 부분만 확실하게 공부시켜도 내신 문법 문제의 80%에서 많게는 100% 전부 맞출 수 있다.

아이에게 준비시킨 건 단어 암기, 대략적인 본문 줄거리 숙지였다. 핵심 문법 포인트를 공부시킬 시간이 없었기 때문에 문법은 어쩔 수 없이 버렸다. 이렇게 해서 60점이 나왔다. 과목별 교과서 내용 구성을 파악하고, 기출 문제를 1~2회분 정도 분석하면 생각보다 명확한 시험 대비 전략을 세울 수 있다. 하지만 기준점 없이 무조건 많이 시키기만 하는 학원들이 많다. 인터넷에 돌아다니는 자료를 대충 출력해서 공부하게 하면 된다. 무조건 학원을 맹목적으로 믿는 건 매우 위험하다. 최소한의 흐름은 파악하고 있어야 한다.

과학, 역사 내신 대비

역사는 다른 과목에 비해 시험 범위가 매우 넓은 편이다. 그러다 보니 시험을 꽤 쉽게 내는 경우가 많다. 이 아이의 경우 역사를 아무리 쉽게 내더라도 공부할 게 너무 많아서 역사 시험을 준비하는 건 불가능했다. 그래서 포기하기로 했다. 그런데 시험 하루 전에 역사 선생님이 '이 부분 만큼은 꼭 보라.'

며 5페이지를 알려준 것이다. 그래서 그 부분만 시험 전날에 공부하게 했다. 일곱 문제 정도가 나왔는데, 다섯 개를 맞췄던 걸로 기억한다. 그렇게 해서 역사가 40점이 나온 것이었다.

과학은 국어와 비슷한 전략으로 준비했다. 문제의 80%는 풀지 않았다. 개념 이해, 암기에만 집중하게 했다. 2분의 1페이지~1페이지 정도씩 끊어서 개념 이해 및 암기를 하게 한 다음 구두 테스트를 2회 반복했다. 거기에 소주제마다 딸린 기본 문제 다섯 개씩만 풀고 첨삭하게 했다. 이것만으로도 80점이 나왔다. 다시 한번 말하지만, 수학을 제외한 나머지 과목에서 문제 풀이는 크게 중요하지 않다. 개념부터 확실하게 숙지하게 해도 고득점이 충분히 가능하다. 하지만 개념이 부실한 상태에서 문제만 주야장천 풀게 한다면 절대로 원하는 점수를 받을 수는 없을 것이다.

이렇게 해서 한 학생의 사례를 통해 과목별 공부해야 하는 포인트들을 살펴봤다. 여러 아이를 관찰하다 보면 투자하는 공부시간보다 성적이 잘 안 나오는 경우가 있다. 가장 큰 이유는 '해야 할 공부'와 '하지 말아야 할 공부'를 구분하지 못하고 무작위로 시키고 있기 때문이다. 이번 이야기를 통해 '해야 할 공부'가 무엇인지 큰 흐름을 파악하고, 아이의 현실적인 자습시간 양을 고려해 과목별 밸런스를 잘 맞춰보길 바란다.

1. 중등 국어 내신의 핵심은 시험 범위에 해당하는 작품들의 내용을 숙지하는 것이다. 2회 이상 반복해서 읽고, 학습 활동에 대해 자습서 해답 기준으로 정확하게 답할 수 있도록 하자.

2. 중등 수학 내신의 핵심은 고난도 문제가 아니다. 생각보다 기본 문제에서 잘 메워져 있지 않은 경우가 많다. 일반 유형서 기준으로 대표문제를 정확하게 이해했는지부터 확실하게, 반복적으로 체크하는 것이 중요하다.

3. 중등 영어 내신의 핵심은 본문 단어 암기, 줄거리 파악이다. 시간이 충분하다면 본문 암기까지 하는 게 좋다. 여기까지 끝났다면 문법인데, 교과서에 있는 핵심 문법 파트부터 정확하게 이해하고 암기하게 하자.

4. 과학, 사회, 역사에서 가장 중요한 건 개념이다. 개념을 완벽에 가깝게 이해하고 외우는 데에 집중해야 한다. 문제 풀이는 그 이후에 해도 충분하다. 심지어 많은 문제를 풀어보지 못하더라도 개념 완성도가 높다면 고득점이 가능하다.

5. 한 과목만 너무 완벽하게 준비하려고 하다 보면, 반드시 다른 과목이 무너지게 되어 있다. 과목별로 꼭 준비해야 하는 우선순위를 파악하고, 골고루 준비하자.

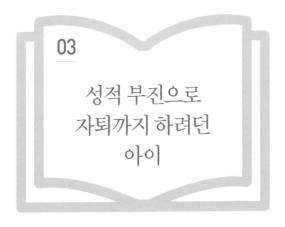

03

성적 부진으로
자퇴까지 하려던
아이

공부에 대한 거부감, 절망감이 상당한 아이가 있었다. 고등학교 1학년이지만, 개인적인 사정으로 초등 과정 중에서도 메워야 할 부분이 많은 상태였다.

"공부가 싫다고 하던데, 내가 느끼기엔 정확히는 어떻게 공부해야 하는지 전혀 감이 안 잡혀서 공부가 하기 싫은 것으로 보였어. 맞니?"

"네…….. 너무 막막해요. 정말 제가 잘할 수 있을까요?"

아이의 '제가 정말 할 수 있을까요?'라는 질문에서 두 가지 마음이 느껴졌다. 첫째는 내 입을 통해 '그래, 넌 가망이 없어.'라는 얘기를 들으려는 것이다. 전문가가 아예 안 된다고 단정 지어 버리면 본인도 마음 편히 공부를 놓아 버릴 수 있기 때문일 것이다. 공부로부터 해방되고 싶고 놀고 싶은 것이다. 두 번째는 '정말로 잘 해보고는 싶은데, 진심으로 막막한 마음'이었다.

"나는 학생 때 공부를 얼마나 잘했을 것 같아?"

"엄청 잘했을 것 같아요."

"마지막에 잘하긴 했지. 그런데 나도 고등학교 1학년 때까진 공부를 정말 못했어. 전교 289등이었던 적도 있어. 거의 꼴찌 수준이었지."

"정말요?"

"그래. 사실 내가 교육 쪽에서 일하고 있는 이유도 그때의 영향이 커. 나도 정말 막막했고, 절망적이었거든. 특히 그 당시엔 '공부를 잘해야 인생이 성공한다.'는 사회적인 분위기가 지금보다 훨씬 강했어."

"아……."

"그래서 나도 ○○이처럼 자퇴하려고도 했었어."

아이와 대화를 나누기 전까진 걱정이 많았다. 불량스러운 아이이진 않을까, 내가 하는 얘기를 잘 경청하긴 할까, 공부랑은 아예 담을 쌓은 아이를 억지로 필자와 상담받게 한 상황이라 비협조적이진 않을까 싶었다. 하지만 걱정과는 달리 참 순수하고 착한 아이였다. 이렇게 아이와의 수업이 시작됐다.

중간고사 1주일 전에 시작한 수업

수업을 시작한 시점도 참 애매했다. 중간고사 1주일 전이었다. 원래 이 시기에는 수업을 시작하지 않는다. 학부모에게도 정중히 말씀드렸다.

"시험 전에 아이가 제 수업을 듣더라도, 일주일 동안엔 큰 변화를 만들어낼 수 없습니다. 아예 중간고사가 끝나고 나서 시작하는 게 좋을 것 같아요."

"괜찮아요, 선생님. 저도 전혀 기대하지 않습니다. 그저 우리 아이가 공부에 대한 희망이라도 품었으면 좋겠어요. 공부 때문에 자퇴하고 싶다는 마음만이라도 사라졌으면, 그것으로 충분해요. 그냥 마음 편히 아이랑 얘기만 나눠주세요. 부탁드립니다."

그래서 중간고사 직전에 수업을 시작하게 된 것이었다. 아이의 현재 공부 상태를 하나하나 확인해봤다. 예상은 하고 있었지만, 기초가 빈약한 게 아니라 아예 없었다. 수학의 경우 분수 계산도 제대로 하지 못하는 상태였다.

"어떤 과목이 제일 할 만해? 물론 다 재미없을 수도 있겠지만, 그나마 이 과목은 해볼 의향이 있다 싶은 과목이 뭐야?"

"음…… 과학이 괜찮을 것 같아요."

"좋아. 그럼 이번 일주일 동안 다른 건 말고 국어랑 과학만 공부해보자."

중간고사 결과

기적적인 결과가 있었다고 말하고 싶지만, 결과는 예상했던 대로 별로 좋지 않았다. 모든 과목이 전부 10점~20점이었다. 아는 게 전혀 없어서 전부 찍은 것이다. 그리고 일주일 동안 아주 조금 공부했던 과학은 40점대였다.

"선생님, 그래도 과학은 40점 나왔어요!!"

다행히 아이의 반응이 좋았다. '에이, 역시 열심히 했는데도 40점이네. 포기해야겠다.' 이런 반응을 보이진 않을까 걱정했는데, 다행이었다. 아이가 공부에 대한 희망을 품기 시작한 게 느껴졌다.

"오! 좋아. 시험 범위의 절반도 못 한 상태에서 40점대면 나쁘지 않아. 충분히 가능성이 있어. 그럼 이제부터 내가 제대로 알려줄게."

오늘 계획 끝났으면 놀아!

참 착한 아이지만 공부를 아예 해보지 않았던 아이다. 이런 아이가 과연 갑자기 미친 듯이 공부할 가능성이 얼마나 될까. 초반 하루 이틀 반짝하고 열심히 할 순 있겠지만, 그게 지속할 가능성은 매우 희박하다. 중요한 건 아이가 공부하고 싶게 만드는 것이다. 공부하기 싫은 마음보다, 공부로 인해 얻는 보상이 커야만 지속된다.

"게임하는 거 좋아한다고 했지?"

"네!"

"부모님은 어떠서? ○○이가 게임하는 걸 좋아하시니? 아니면 구박하거나, 잔소리하거나 그러시니?"

"싫어하긴 하시는데, 그렇게 잔소리하진 않는 것 같아요. 사실은 조금 포기하신 것 같아요."

"그렇구나. 게임을 하긴 하는데, 마음 한편은 굉장히 찝찝하겠네?"

"맞아요……."

"내가 이제 맘 편히 게임을 할 수 있게 해줄게. 난 공부를 그렇게 강요하고 싶진 않아. 강요해봐야 별 효과가 없거든."

"……?"

"지난 일주일 동안 비문학 지문분석 해봤지?"

"네!"

"하루에 한 개씩만 하자. 2주일 동안은 비문학 지문분석만 해볼 거야. 지문분석 다 하고 나면, 마음 편히 쉬어. 게임을 해도 좋고, 다른 걸 해도 좋아. 내가 제시하는 것만 잘하면 성적은 분명히 올라갈 거야."

진행 결과

"일주일 동안 공부해보니까 어때? 꽤 할 만한 것으로 보이던데?"

"네! 맞아요."

"지문분석 해보니까 어땠어? 처음에 조금 막막하지 않았어? 내용 이해는 잘 안 되는데, 이게 잘 하고 있는 게 맞나 싶었을 거야. 그리고 지금은 그런 마음이 많이 사라졌을 거고."

"맞아요. 처음엔 읽기는 하는데 이해도 잘 안 되고, 문단별로 요약하는 것도 엄청나게 길었거든요. 그런데 계속하다 보니까 지금은 꽤 익숙해졌어요. 문제도 수월하게 잘 풀리고요!"

필자가 가장 중요하게 생각하는 것 중 하나가 '문해력'이다. 그리고 문해력은 비문학 지문분석을 통해 훈련할 수 있다. 수학 공부, 영어 문법, 국어 문법, 시, 소설, 사회, 과학 등 해야 할 공부가 많지만, 가장 먼저 해야 하는 건 바로 '문해력 향상'이다.

일주일이 또 흘러갔다. 2주 동안 국어 지문분석만 시켰다. 아이의 글을 이해하는 능력이 처음보다 많이 좋아지긴 했지만, 아직도 많이 부족한 상태이긴 했다.

"이제 또 4~5주 뒤면 기말고사네? 수학, 영어를 준비하기에는 아직 쌓아야 할 게 조금 많은 상태야. 그래서 국어, 과학, 사회 위주로 준비해보려고 해."

"네. 그런데 선생님……. 사실 제가 잘할 수 있을지 모르겠어요."

"우리가 지금까지 계속 국어 지문분석만 했잖아? 아마 조금은 변화가 생겼을걸? 일단 사회 교과서부터 펴보자. 여기 페이지 비문학 읽던 것처럼 한번 쭉 읽어봐."

약 10분 동안 사회 교과서를 읽었다.

"읽어보니까 어때? 내용 잘 이해되지 않아? 그리고 비문학 지문분석 하던 것보다 훨씬 쉽지 않니? 지금까지는 내용이 이해가 안 되니까 당연히 재미가 없을 수밖에 없었을 거야. 공부하는 부분이 이해되기 시작하면 생각보다 할 만해."

"진짜 그런 것 같아요!"

한 달 뒤 기말고사를 봤다. 결과가 생각한 것보다 더 좋았다. 사회는 70점을 받았고 과학, 국어는 50점대였다. 수학과 영어는 20점을 받았다. 하지만 이제부터가 걱정이었다. 나머지 과목이 수학, 영어인데 이 둘은 지금 시점에서 끌어올리기가 매우 어렵다. 보통은 수학이 가장 힘든데, 이 아이의 경우 영어 수준이 알파벳만 겨우 쓰는 정도였다. 그래서 수학부터 건드려보기로 했다. 초3 과정부터 하나하나 시작했다.

수학을 포기하게 되는 첫 관문, 활용 문제

아이가 꽤 성실하게 임해서 6학년 과정도 무난하게 끝났다. 중1 과정으로 넘어가면서 아이가 고전하기 시작했다. '활용' 파트의 문제를 처음 해보는 것이기 때문이다. 세 개의 선택지가 떠올랐다.

1. 활용 파트는 건너뛰고, 연산문제 위주로 진행한다.

2. 속도가 더 느려지더라도 활용 부분까지 확실하게 훈련한다.

3. 수학을 포기하고 다른 과목에 더 많은 투자를 한다.

가장 무난한 선택지가 1번이다. 일단 단순 계산을 할 수 있는 상태까지만 만들고, 빠르게 진행하는 것이다. 단기적으로 볼 때 가장 합리적으로 보이지만, 수학 강사 시절 이 선택은 수도 없이 많이 해봤다. 그리고 이렇게 공부한 아이 중 엄청난 도약을 이루어낸 케이스는 단 한 번도 없었다. 수학에서 중요한 건 결국엔 풀이 전략을 생각해 내는 것이다. 물론 계산력도 중요하지만 크게 노력하지 않아도 일정 수준까지는 자연스럽게 쌓인다. 문제는 활용 문제다. 문제에 주어진 상황을 해석해서 수식으로 전환하는 능력이 필요하다. 이건 의도적으로 연습하지 않는 이상 절대 쌓이지 않는다. 즉 1번 선택지를 고르면 결과적으로 아무런 변화도 일어나지 않는다.

그러면 2번 선택지는 어떨까. 진도가 느려지더라도 활용 문제들까지 충분히 연습하면 아이의 수학 실력이 향상된다. 하지만 여기에도 여러 문제점이 존재한다. 현재 아이는 고등학교 1학년이다. 그리고 중1 수학을 이제야 공부하는 중이다. 수학 실력이 쌓이기는 하지만, 단기간에 성적이 크게 향상될 리는 없다. 짧아도 2년, 길게는 재수나 삼수까지 각오하고 골라야 하는 선택지다. 하지만 열에 아홉은 버티지 못한다. 결국 포기하는 모습을 수도 없이 봐왔다.

공부를 늦게 시작한 아이들은 1번, 2번 선택지 중 무언가를 골랐다가 결국엔 3번을 선택한다. 즉 수학은 깔끔하게 포기해버리는 것이다. 하지만 수학을 포기해버리는 순간 스카이는커녕 인서울 4년제 대학에 진학하는 것도 불가능해진다. 그래서 많은 학생이 뒤늦게 예체능 쪽으로 진로를 전향하기도 한다. 하지만 예체능에 뜻이 있어서가 아니라 단순히 수학에 직면하는 게 두려워서 회피의 목적으로 진로를 바꾼 학생들이 좋은 성과를 내는 건 거의 불가능하다고 봐야 한다. 결국 중요한 건 무엇을 선택하느냐가 아니라 학생의 공부에 대한 태도와 마음가짐이다.

"활용 문제 많이 어렵지?"

"네……."

"활용 문제는 중1 과정뿐만 아니라 중2, 중3 과정에서도 계속해서 나올 거야. 고등학교 과정부터는 활용 문제가 기본 베이스로 깔려 있다고 보면 되고."

"……."

"그래도 다행인 점은 있어. 활용 문제가 계속해서 어려운 건 아니야. 패턴이 비슷하거든. 지금 중1 과정에서 활용 파트를 잘 다져 놓으면, 뒤에 나오는 부등식의 활용이라던가, 연립일차방정식의 활용, 함수의 활용이 훨씬 수월해질 거야. 반면에 지금 활용 파트를 한번 회피하기 시작하면 수학에서 좋은 성과를 내는 건 불가능하다고 봐야 해."

"선생님, 한번 제대로 해보고 싶습니다."

이 아이가 어떻게 될지는 지도하는 입장에서도 잘 알 수 없다. 그저 아이가 현재 일차방정식의 활용 파트를 정확하고 깊게 이해할 수 있도록 지도해줄 뿐이다. 그리고 아이가 포기하지 않게 계속해서 지지해주고, 동기를 유발하는 것이 우리의 역할이다.

체크포인트

1. 기본기가 아예 없는 아이에게 처음부터 수학 위주로 시키는 건 효과적이지 않다. 좌절만 할 뿐이다. 내신과목 중 국어, 사회 정도로 시작하는 게 좋다. 이 두 과목은 기본기가 없더라도 고득점을 노려볼 수 있다.

2. 국어, 사회 내신 정도로 아이가 성적향상에 대한 경험을 한 뒤에 수학, 영어를 천천히 병행하라. 해야 할 게 많지만, 오히려 조금씩 시켜야 한다. 매일매일 꾸준히 공부하는 습관을 만든 뒤 조금씩 늘려나가자.

3. 아이가 공부에 대한 열정이 생겼을 때 어려운 공부에 도전해보자. 도전했다가 실패할 수도 있다. 괜찮다. 다시 준비한 다음, 다음에 또 도전해서 정복하면 된다. 그런 성취감이 축적될수록 공부뿐 아니라 모든 분야에서 도전적이고 능동적인 아이가 될 것이다.

STEP 2

반드시 알아야 할
과목별 공부법

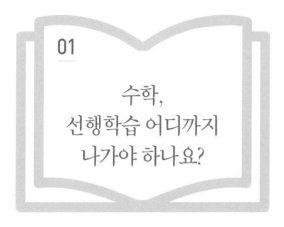

01

수학,
선행학습 어디까지
나가야 하나요?

이럴 때 도움이 돼요!

1. 수학 선행학습을 어디까지 나가는 게 좋을지 고민일 때

2. 개념공부, 기본계산 문제를 너무 게을리하는데 어떻게 하면 좋을지 모르겠을 때

3. 수학 선행학습을 나갈 때 반드시 지켜야 할 사항이 궁금할 때

"겨울방학 수학 선행학습, 어디까지 해야 할까요?"

"현재 예비 중2인데, 수상(고1) 시작했어요. 아이가 잘하고 있는 것 같긴

한데 잠깐 쉬어야 할까요? 아니면 계속해서 선행을 진행해야 할까요?"

"이번 방학에 수학 선행을 해야 할까요? 복습하는 게 좋을까요?"

방학 시즌이 되면, 이와 같은 고민을 하는 학부모들이 많이 보인다. 특히

국어, 영어보다 수학 선행에 대한 고민이 많다. 수학 선행학습은 어떻게 해야

할까. 누군가는 배운 내용 복습을 하기도 하고, 또 누구는 계속해서 진도를 나간다. 어떤 사람은 개념 중심으로 공부해야 한다고 하고, 또 어떤 사람은 문제를 많이 풀어야 한다고 말한다. 누구의 말을 따라야 할까. 이번 파트에선 수학 선행학습에 대한 기준을 제시해줄 것이다.

개념학습, 기본연산 풀이를 싫어하는 아이

지도했던 한 아이는 수학 공부를 할 때의 개념, 기본계산 문제를 대충대충 하는 경향이 심했다.

"○○야. 벌써 SS수학 B단계로 넘어갔어? 그럴 리가 없는데."

"A단계(기초연산)는 그냥 뛰어넘었거든요."

많은 학생이 기본계산문제를 풀 때 따분해하고 시간을 아까워한다. 그 마음을 사실 필자도 충분히 이해한다. 필자 또한 고등학교 2학년 때까진 기본계산문제의 필요성을 전혀 느끼지 못했었기 때문이다.

"그렇구나. 나도 학생 때 기본계산 문제를 그냥 뛰어넘었어. 뒤에 풀어야 할 유형별 문제도 많고, 실제 시험에선 훨씬 어려운 문제들이 나오는데 '굳이 기초 문제를 풀어야 하나?' 싶은 생각이 컸거든. ○○도 혹시 이런 생각이 드는 거니?"

"헐! 제 생각이랑 완전 똑같아요. 쌤들이 개념학습, 기본연산이 중요하다고 하니까 공부해야지 싶다가도 막상 수학 공부를 하면 안 풀게 돼요."

"그렇지. 나도 학생 때 기본계산문제 '어차피 풀면 다 맞는데 굳이 확인해야 하나?' 싶었고, 실제로 풀면 다 맞았거든."

"맞아요. 저도 그래요! 그러니까 그냥 넘어가면 안 될까요, 쌤?"

개념학습, 기본계산문제 풀이가 중요한 건 사실이다. 또 많은 학생이 이 부분을 간과하고 있으므로 성적이 정체되는 경우가 많다. 다시 말하면 개념학습, 기본연산을 확실하게 잡아주면 아이들의 성적이 향상된다. 하지만 중요한 건 학생이 '필요성'을 느끼게 해줘야 한다. 잔소리로는 절대 설득할 수 없다. 그래서 필자는 아이들에게 다음과 같은 기준을 제시해준다.

"기본계산문제를 다 맞는 건 당연한 거야. 그건 기본이지. 중요한 건 시간이야. 10분 안에는 풀어낼 수 있어야 하고, 정답률이 100%가 나와야 해. 계산 실수조차 나오지 않게. 내가 봤을 때 ○○는 기본계산 파트 푸는 데 아직 30~40분은 걸릴 것 같은데, 한번 풀어볼래?"

이렇게 기본계산문제를 풀어보게 하면 실제 아이들의 결과가 어떨까. 일단 10분 안에 풀어내는 아이는 거의 없다. 대부분 20~30분 정도가 걸린다. 더 걸리는 아이도 많다. 그리고 정답률이 100%는커녕 80%도 나오지 않는 경우가 많다.

고등학생의 경우 기본계산문제를 10분 안에 풀고, 거기에 정답률 100%가 나오는 아이들은 보통 모의고사 기준 2등급은 나온다. 또 이런 아이들은 기본계산문제를 굳이 안 풀어도 되지만, 오히려 더 열심히 푼다.

수학 선행학습의 절대 원칙 두 가지

수학 선행학습에서 반드시 지켜야 하는 것들이 있다. 들어보면 너무나도 당연한 소리일 것이다. 하지만 모든 학원에서 반대로 가고 있는 부분들이고, 우리 아이가 뒤처지지 않을까 하는 마음에 학부모도 제대로 지키고 있지 않은 부분이기도 하다. 수학 선행학습의 절대 원칙 두 가지는 다음과 같다. 첫째, 선행에서 풀이 속도, 고난도 문제 풀이는 중요하지 않다는 사실이다. 개념공부가 핵심이다. 둘째, 제대로 이해해서 풀고, '오답 분석'을 해야 한다.

① 올바른 개념학습법

풀이 속도를 높이고, 고난도 문제에 들어가기 전에 '개념'부터 정확하게 숙지해야 한다. 문제 풀이 속도를 키우려고 무작정 많은 유형의 문제를 암기하고 반복하는 경우가 많다. 또는 '내가 지금 이 문제가 어려운 이유는 고난도 문제를 풀지 않았기 때문이야.'라는 논리로 심화 문제를 꾸역꾸역 외우려는 학생들도 많이 봤다.

대치동이나 목동 등 학구열이 높은 동네에선 보통 중등수학 심화 교재의 마지막 단계를 《O급 수학》으로 잡는다. 더 높은 수준의 문제집도 있지만, 경시대회를 준비하는 학생이 아닌 이상 그 이상으로 진행하진 않는다.

다음은 한 학부모와의 상담 내용이다.

"우리 아이는 지금 중2인데, 중3 《O급 수학》도 잘 풀어요."

"아이가 수학을 참 잘하나 봐요, 어머니. 그럼 간단히 테스트를 보겠습니다."

테스트로 어떤 문제들을 준비했을까. 필자는 아이의 기를 죽이려고 억지로 어려운 문제들을 준비하진 않는다. 그냥 학부모, 학생의 말이 사실인지 확인할 수 있는 문제, 그리고 아이의 공부습관을 확인할 수 있는 문제들을 준비한다.

그래서 앞 페이지에는 《○급 수학》 중에서 아이가 최근에 공부한 단원의 A단계 문제를 네 개 준비했다(참고로 《○급 수학》에선 A단계가 최고난도 문제다). 그리고 뒷장엔 《○급 수학》보다 비교적 쉬운 《×쟁이》라는 교재의 문제를 네 개 준비했다. 이렇게 총 8문제를 풀어보게 했는데 결과는 어땠을까.

보통 아이들은 본인이 풀었다는 문제집의 문제를 그대로 내도 잘 풀어내지 못한다. 그런데 이 아이는 앞 장은 꽤 잘 풀었다. 이 정도면 꽤 훌륭하다고 할 수 있다. 《○급 수학》의 완성도는 꽤 괜찮은 편이다. 그런데 그보다 쉬운 뒷장의 문제들은 오히려 잘 풀어내지 못했다. 아이와 얘기를 나눠봤다.

"○○야, 문제는 좀 어땠어? 어려웠니? 아니면 쉬웠니?"

"앞쪽은 괜찮았는데 뒷장이 너무 어려웠어요."

"그랬구나. 그래도 어려운 문제들인데, 아주 잘 풀었어. 사실 앞장보다 뒷장의 문제가 더 쉬운 문제들이야."

"……."

"하나 더 궁금한 게 있는데 물어봐도 될까?"

"네."

"중3-1 수학에서 뭘 배웠니? 혹시 목차를 숙지하고 있니?"

"네?"

다음으로 학부모에게 물어봤다.

"혹시 아이가 심화 문제집으론《○급 수학》만 풀어봤나요?"

"네.《SS수학》풀어보고 바로 ○급으로 하고 있어요."

"《○급 수학》을 한 서너 번 이상 반복해본 것 같은데, 맞나요?"

"네, 맞아요. 어떻게 아셨어요?"

종종 《○급 수학》이 제일 어려우니까, 이것만 제대로 하면 되겠지?"라는 마음에 《○급 수학》만 반복시키는 학부모가 있다. 이 방법은 어떻게 하느냐에 따라 좋을 수도, 나쁠 수도 있다. 좋은 방법이 되려면 먼저 가장 기본이 되는 개념학습부터 꼼꼼하게 해야 한다. 또 개념학습을 하기 전에 반드시 '목차'를 숙지하기 바란다. 정리하면 다음과 같다.

STEP 1 　목차 숙지

STEP 2 　소단원별 개념 '이해'

STEP 3 　개념과 문제 연결(관계 분석)

수학을 공부할 때 가장 먼저 '목차'를 숙지해야 한다. 대단원, 중단원, 소단원까지의 뼈대를 확실하게 잡아야 한다. 사실 수학뿐 아니라 어떤 과목을 공부하든 마찬가지다. '스터디코드'의 조남호 코치 등 수많은 학습 전문가들이 항상 '목차 숙지'를 강조한다.

수학에서 문제 풀이는 정말 중요하다. 하지만 그전에 뼈대를 확실하게 잡아두고, 그다음으로 소단원별 개념학습을 해야 한다. 수많은 문제 유형을 암기하는 식의 공부는 중학교까지만 통하는 방법이다. 개념을 머릿속에 정확히 숙지한 뒤, 문제와 개념의 연관성을 파악하는 연습을 해야 한다. 특히 선행학습을 하는 중이라면 더더욱 뼈대, 개념을 잡는 데에 집중해야 한다. 처음부터 심화 문제에 중점을 두지 마라.

② 문제 풀이 및 오답 분석 방법

학생의 사례를 이어서 살펴보자. 아이는 중3-2 수학에 대해 체계가 잘 잡혀있지 않은 상태다. 그 상태에서 SS수학을 풀었고, 더 나아가 심화 교재 한 권을 외우다시피 공부하고 있다. 학부모가 말했다.

"아이가 수학 머리가 그렇게 좋진 않아요. 그래서 여러 번 반복해야 문제를 이해해요."

"아니에요, 어머니. 《○급 수학》을 소화하는 정도면 잘하는 겁니다. 몇몇 부분만 교정하면 훨씬 좋아질 거예요."

뼈대 잡는 연습, 개념학습 방법을 지도해준 뒤, 아이의 문제 풀이 습관을 확인해봤다. 일단 문제를 풀자마자 10초 만에 문제점 하나가 보였다. 그게 뭐였을까.

"○○야, 잠깐 멈춰볼래?"

10초 만에 멈춰보라고 하니, 아이가 의아해하는 눈빛으로 필자를 바라봤다. 이 아이뿐 아니라 많은 아이의 교정 포인트 중 하나가 바로 '문제 풀이의

3단계' 과정이다.

"문제를 풀 때 가장 먼저 해야 하는 게 뭘까?"

"음……. 개념공부요?"

"일단 문제를 끝까지 읽어봐야 해."

"아……."

"○○가 문제 푸는 걸 보니까 첫 줄에 이차방정식을 보자마자 바로 해를 구해보려는 것 같더라고. 그래서 잠깐 멈춰보라고 한 거였어. 지금부터 문제 풀이의 3단계를 알려줄 건데, 문제가 쉽든 어렵든 꼭 지켜봐. 많이 도움이 될 거야. 3단계 중 첫째가 '문제 끝까지 읽기'였어. 그렇지? 그럼 그다음은 뭘까?"

"풀이?"

"아니, 손 풀이는 맨 마지막이야. 두 번째는 '풀이 전략'을 세우는 거야. 1~2줄 정도로 간단히 세워보면 돼."

"아!"

수학 공부를 잘하는 사람들의 모습을 한번 상상해보라. 어떤 모습이 상상되는가. 보통 문제를 보자마자 막힘없이 풀어내는 모습이 상상될 것이다. 하지만 실제론 그렇지 않다. 모르는 문제를 질문했을 때의 선생님의 모습을 떠올려보면 어떤가. 이것저것 끄적이진 않았을 것이다. 팔짱을 끼고 문제를 똑바로 응시하고 있었을 것이다. 짧게는 20~30초, 길게는 1분 이상 고민한다. 그러다가 갑자기 문제를 순식간에 설명해줬을 것이다.

수학 선생님이 문제를 응시하고 있는 모습, 이 부분이 바로 '풀이 전략'을 모색하는 중인 것이다. 그러다가 머릿속에서 문제를 어떻게 풀어야 할지 전부 정리되면 그제야 문제 풀이에 들어간다. 그리고 순식간에 풀어낸다. 이 얘기를 학생에게 실제로 해준다. 그리고 이어서 물어본다.

"문제 풀이가 끝난 건 언제일까? 손으로 다 풀어냈을 때일까?"

"……잘 모르겠어요."

"바로 머릿속에서 풀이 전략이 세워졌을 때, 그때 끝난 거야. 손 풀이는 그저 마무리 과정이야. 물론 계산 실수 없이 잘 풀어내야 하니까 손 풀이까지 꼭 해야 하지만, 실질적으로 수학 사고력이 길러지는 순간은 바로 풀이 전략을 고민할 때야."

"아! 진짜 그런 것 같아요."

"그렇지. 그리고 마지막 세 번째 단계가 바로 손 풀이야. 문제 풀이에서 중요한 건 뭐라고?"

"풀이 전략 세우는 거요."

"맞아. 그 점을 꼭 명심해둬. 그리고 항상 문제를 끝까지 읽고! 문제를 다 읽어봐야 풀이 전략을 세워볼 수 있겠지?"

"네!"

수학 문제 풀이의 3단계 과정을 정리하면 다음과 같다. 완전 기본연산 문제가 아닌 이상, 어떤 수학 문제를 풀든 아래의 과정을 꼭 거치도록 습관을 잡아주자.

STEP 1 문제를 끝까지 읽는다.

STEP 2 풀이 전략을 모색한다.

STEP 3 손 풀이

타이머를 이용한 문제 풀이

수학 문제를 풀 때 풀이 전략을 세우는 게 가장 중요하다고 했다. 그런데 풀이 전략이 뜻대로 잘 세워질까. 아마 그렇지 않은 경우가 많을 거다. 또 1시간이고 2시간이고 한 문제를 오랫동안 고민해보라는 말을 자주 들어봤을 것이다. 필자도 이 말에 동의하지만, 실제로 학생들에게 적용해보면 매우 비효율적이다. 한번 생각해보자. 모르는 문제를 한두 시간 동안 들여다보며 계속해서 풀어보는 게 정말 가능할까.

대부분 얼마 안 지나서 본인도 모르게 다른 생각을 하고 있을 것이다. 정신 차려보면 멍하게 있거나 책에 낙서하고 있을지도 모른다. 실제로 학창시절 필자도 그랬고, 또 학생들을 지도하면서 하위권이든 상위권이든 한 문제를 오랫동안 고민하다 보면 예외 없이 집중력이 흐트러지는 모습이 보인다.

그래서 학생들이 모르는 문제에 대해 얼마나 집중하는지를 오랫동안 관찰해봤다. 다른 선생님들의 사례도 많이 살펴봤다. 그 결과 고민하는 시간이 15분을 넘어가면 굉장히 비효율적이라는 결론을 얻었다. 15분이 지나면 차라리 틀린 문제로 간주하고, 다음날 다시 보는 게 낫다.

또 처음부터 15분씩 고민하는 것도 효율적이지 않다. 15분도 너무 길다. 완전히 처음 배우는 내용이라면, 3분 고민이면 충분하다. 3분이면 너무 짧다고 느껴지는가. 실제 사례를 살펴보자.

"좋아. 개념학습에 기본계산문제까지 풀어봤지? 이제 유형별 문제로 넘어갈 거야. 자, 한번 풀어볼래?"

처음엔 일부러 3분 동안 고민해보라고 이야기하지 않는다. 그냥 말없이 타이머로 3분을 체크한 뒤, 아이의 반응을 살펴본다. 첫 문제는 무난하게 잘 풀어냈다.

"오, 잘하는데? 그럼 바로 밑에 문제 말고, 다음 유형으로 넘어가자. 이 유형도 대표 문제만 한번 풀어봐."

또 3분을 잡는다. 이번엔 아이가 접근이 잘 안 되나 보다. 뭔가를 끄적여보기도 하고, 고민에 잠긴다. 그러다가 나를 쳐다보며 말한다.

"잘 모르겠어요."

과연 이 아이는 잘 모르겠다는 결론을 낼 때까지 얼마의 시간이 걸렸을까. 5분? 10분? 아니다. 보통 1분도 지나지 않아 포기하는 경우가 많다. 이 부분을 교정해야 한다. 적어도 3분은 고민해보게 해야 한다. 어떻게 풀지 막막한 상태에서 어떻게든 풀어내려고 시도를 해야 한다. 그 과정에서 수학적 사고력이 길러진다.

"잘 모르겠니? 사실 타이머로 3분을 재고 있었어. 그런데 아직 1분밖에 안지났어. 3분 울릴 때까진 어떻게든 풀어보려고 더 노력해보자."

"네!"

아이는 다시 문제를 풀기 시작했다. 놀랍게도 3분 안에 풀어냈다.

"어때? 못 풀 줄 알았는데 하다 보니까 풀리기도 하지?"

"네!"

"수학은 바로 지금처럼 어떻게 풀지 막연한 상태에서 고민하는 게 중요해. 심화 문제를 외운다고 실력이 느는 게 아니야. 수학은 고민할 때 실력이 늘어."

계속해서 다음 유형으로, 또 다음 유형으로 넘어갔다. 그러다 3분이 지났는데도 풀리지 않는 문제가 나왔다. 아이에게 물어봤다.

"3분 지났네? 어때, 3분 동안 더 풀어볼래? 아니면 설명을 들을래?"

"더 고민해보고 싶어요."

"좋아. 더 고민해보자."

또 3분이 지났지만, 이번에도 풀어내지 못했다.

"어때, 다시 한번 풀어볼래?"

"아니요. 해볼 수 있는 건 다 해본 것 같아요. 더 떠오르는 게 없어요."

보통 3분 정도 지나면 어떻게 할지 파악이 된다. 본인이 더 고민하는 게 좋을지, 그냥 설명을 듣거나 해설을 보는 게 좋을지 판단이 선다. 직접 해보면 알 것이다. 간혹 끊임없이 더 고민해보고 싶을 때가 있다. 수학 실력을 기르기에 괜찮은 습관이지만, 멈춰야 할 때가 있다. 처음 유형별 문제를 풀 땐 장시간 고민하기보다는 다양한 유형들을 접해보는 게 중요하다. 보통 3분씩 세 번 고민했는데 안 풀리면 설명을 듣거나 해설을 보는 게 효율적이다. 1시간

이상 고민하는 건 필수 유형들을 확실하게 숙지한 뒤에 하는 게 좋다.

참고로 꼭 3분을 절대적으로 지켜야 하는 건 아니다. 성향에 따라 4분으로 잡아도 좋고 5분도 좋다. 2분으로 잡아도 되고, 본인 마음대로 정하면 된다. 하지만 10분 이상으로 잡는 건 추천하지 않는다. 개인적으로 필수 유형이 잘 잡혔고, 심화 문제로 넘어간 경우에도 5분 정도로 잡게 한다. 5분씩 세 번까지 고민해보고 안 풀렸으면 해설을 보거나, 혹은 '다음날에 다시' 5분씩 세 번 고민해보게 한다.

오답 분석(해설지 분석방법)

"선생님, 이 문제 잘 모르겠어요."

"어떤 문젠데? 한번 보자. 음……. 이 문제는 해설 읽어보면 바로 이해될 것 같은데?"

"하지만 해설을 보면 기분이 너무 찜찜해요."

해설지를 보면 찜찜한 기분이 드는 아이들이 많다. 아마 어릴 적 경험 때문일 것이다. 보통 아이가 초등학생일 땐 아이에게 수학 해설지를 맡기지 않았을 것이다. 학원에서 걷어가기도 하고, 부모님이 관리하기도 한다. '해설은 보면 안 되는 것'이라는 공식이 아이의 무의식에 각인된다.

"해설을 보면 왜 기분이 찜찜하니?"

"잘 모르겠어요. 그냥 제힘으로 푼 것 같지 않은 느낌?"

"그럼 나한테 질문하는 건?"

"……."

선생님의 설명도 하나의 '해설'일 뿐이다. 수학 문제집에 해설지는 왜 있을까. 보라고 있는 거다. 나이가 어릴수록 공부하기 귀찮아서 해설을 베끼고 싶은 유혹을 잘 이겨내지 못한다. 그래서 초등학생 아이에게 해설지를 주지 않는 것이다. 아이가 공부습관이 잡힐수록, 고학년이 될수록 해설지를 보도록 해야 한다. 스스로 오답을 분석할 수 있는 능력을 길러야 한다.

"어릴 땐 문제를 풀지 않고 해설을 베끼기만 할까 봐 선생님이나 부모님이 관리했던 거야. 지금은 ○○가 해설지를 갖고 있어도 어때? 해설을 베끼고 있니?"

"아니요."

"그렇지. 해설지는 왜 있을까? 만약 해설지가 봐선 안 되는 거라면 아예 없지 않았을까? 필요하니까 있는 거겠지?"

"네, 맞는 것 같아요."

"내가 ○○한테 모르는 문제를 설명해주는 것도 결국은 일종의 해설인 거야. 해설지를 보든, 나한테 질문을 하든 결국엔 똑같은 거야. 모르면 해설지를 보고 이해하면 돼. 당연한 거야."

"네, 진짜 그런 것 같아요. 제가 왜 지금까지 그 생각을 못 했을까요."

"그러면 그 문제는 ○○가 직접 해설을 읽고 이해해볼래?"

"네!"

이 아이는 해설을 잘 이해했을까. 어땠을지 이어서 살펴보자.

"문제 잘 이해됐니?"

"네, 이해됐어요."

"그럼 그 문제를 어떻게 풀어야 할지 설명해줄 수 있니?"

아이가 조금 당황했지만, 본인이 이해한 대로 설명하기 시작했다.

"어……. 여기 일차방정식에서 우변에 있는 3x를 왼쪽으로 이항하고, 숫자 5를 오른쪽으로 이항해서 풀면 x값이 4가 나오는데, 정사각형에서 한 변의 길이가 a라고 했고, a는 이 일차방정식의 해였으니까 정사각형의 넓이는 16 이에요."

해설을 읽으면 대부분 이해했다고 생각한다. 이 아이의 설명도 횡설수설하긴 했지만, 해설을 이해한 건 맞다. 하지만 중요한 건 해설을 이해하는 게 아니다. 해설 이해는 기본이다. 그다음 단계를 완성해야 한다. 계속해서 대화를 살펴보자.

"좋아. 어떻게 풀어야 하는지는 잘 알았구나. 그럼 ○○는 그 문제의 핵심이 어디라고 생각해? 한번 핵심이라고 생각되는 부분이 어디인지 알려줄 수 있니?"

"음……. 잘 모르겠어요."

"그러면 이렇게 물어볼까? ○○는 그 문제가 처음에 왜 안 풀렸던 거야? 어느 부분에서 막혔던 것 같니?"

"아! 여기인 것 같아요."

"오 그렇구나. 그런 식으로 하면 돼. 해설을 이해하는 건 당연한 거고, 거기에 ○○가 무엇 때문에 막혔던 건지 찾아보는 연습을 해주는 거야. 그럼 이번엔 풀이 전략을 요약해볼 수 있겠니? 아까처럼 하나하나 자세하게 설명하는 게 아니라, 간략하게 1~2줄로 요약해보는 거야."

"무슨 말인지 잘 모르겠어요."

"그럼 한번 이렇게 물어볼게. 학교에서 수업 시작하는 종이 쳤어. 그런데 옆 반 친구가 지금이 수학 문제를 어떻게 풀어야 하는지 알려달래. 복도에 선생님이 오고 있는 모습이 보여. 설명해줄 시간이 5~10초밖에 없는 거야. 이때 친구한테 어떻게 알려주면 이 문제를 풀 수 있을까?"

"아! 무슨 말인지 알 것 같아요. 음……."

이렇게 아이들이 해설을 분석하는 모습을 자세히 살펴보면, 어떻게 하라는 건진 알겠는데 풀이 전략 요약이 뜻대로 잘되지 않는 모습이 자주 보인다. 이 부분의 능력을 키워주어야 한다. 그러기 위해 꼭 오답 노트를 만들어야 하는 건 아니다. 오히려 오답 노트를 만드는 게 훨씬 비효율적일 때가 많다. 중요한 건 해설을 분석하는 연습을 하는 것이다. 해설 분석은 크게 3단계로 나눌 수 있다.

STEP1 해설 이해하기

STEP2 핵심 포인트 표시

STEP3 풀이 전략 1~2줄 요약

해설 분석이 잘 안 되는 이유가 뭘까. 이 부분을 개선하기 위해 많은 시도를 해봤었다. 결론은 수학적 능력이 부족하기 때문이 아니었다. '문해력'이 부족했기 때문이다. 국어 비문학 지문 분석능력이 향상될수록 수학 해설을 스스로 분석하는 능력도 향상된다는 사실을 필자의 수업을 통해서 계속 확인하고 있다.

아이가 해설 분석하는 모습이 답답하다면

아이가 수학 해설지를 분석하는 모습을 처음 본다면 굉장히 답답할 수도 있다. 다음과 같은 생각이 들 수도 있다.

'아니 아주 그냥 해설을 받아적지, 저게 요약하는 거라고?'

'딱 봐도 저 부분이 핵심인데, 왜 엉뚱한 곳에 표시하고 있지?'

아이에게 피드백을 주는 건 중요하지만, 너무 조급해해선 안 된다. 옆에서 하나하나 사사건건 개입한다면 아이의 자신감만 떨어트릴 뿐이다. 타인에게 의존하는 성향만 강해질 것이다. 최소 1주일 동안은 그냥 내버려 두는 게 좋다. 해설 분석 매뉴얼 3단계만 잘 지키는지만 확인하라. 보기에 엉망으로 분석하고 있더라도 그냥 참아라. 분석하는 모습이 너무 답답하다면 차라리 보지 않는 게 낫다.

한번 실제 사례를 살펴보자. 1:1 수업을 진행하는 경우 필자의 수업이 어떻게 진행되는지 궁금하다면 학부모도 수업에 함께 참여하라고 한다. 특히 첫 수업은 될 수 있는 대로 꼭 학부모도 함께 참여하길 권유한다. 다음은 첫 수업에서의 아이, 학부모와 대화한 내용이다. 띠리릭 띠리릭. 3분을 맞춰둔 타이머가 울렸다.

"3분 지났네. 어때, 더 고민해봐야겠니?"

"아니요. 어떻게 해야 할지 잘 모르겠어요."

"좋아, 그럼 그 문제는 해설을 한번 분석해보자."

해설 분석의 3단계가 뭐였는지 기억하고 있는가. 첫째는 해설 이해였고, 둘째는 핵심 포인트 표시해보기였다. 그리고 마지막이 풀이 전략 요약이다. 아이가 엉뚱한 곳에 표시하고 있는 게 보였다. 그러자 옆에 있던 엄마가 바로 개입했다.

"그게 아니지! 거기는 네가 잘 풀었던 부분이잖아!"

"아……?"

이런 식으로 아이가 풀고 있는 모습을 보면 답답해서 본인도 모르게 간섭하게 되는 경우가 많다. 어머니에게 말했다.

"괜찮습니다, 어머니. ○○도 괜찮아. 그냥 ○○가 중요하다고 생각되는 부분을 과감하게 표시하면 돼. 처음 해보는 건데 완벽하게 되진 않을 거야. 사실 정해진 답도 존재하지 않아. 학생마다 막히는 포인트가 다 제각각이거든. 그냥 마음대로 표시하고 요약해봐."

자신감을 얻은 아이는 엉터리로(?) 해설을 요약했다. 어머니가 질문했다.

"선생님, 정말 저대로 놔둬도 될까요?"

"저를 믿고 그냥 지켜보세요, 어머니. ○○가 모르는 문제가 나왔을 때 핵심 포인트를 표시하는지, 해설 요약을 하는지만 봐주시면 됩니다."

"……."

그렇게 몇 번 더 해설 요약을 해보게 했는데, 아이의 엄마는 계속해서 개입하려다가 참고를 반복했다. 어머니가 아이에게 개입하고 싶은 욕구를 완전히 내려놓은 모습이 보일 때까지 해설 분석을 반복했다. 드디어 어머니가 체념하는 게 느껴졌다.

"어머니, 아직 많이 답답하시죠?"

"네. 어휴……."

"괜찮습니다. 지금처럼 해주시면 돼요. 답답하더라도 꾹 참고 아무 말 없이 지켜봐 주세요. 사실 지켜볼 필요도 없습니다. 제가 1주일 간격으로 피드백을 해줄 거니까요. 지금 아이의 답답했던 모습을 잘 기억해두세요. 1개월 뒤에 얼마나 발전하는지 보여드리겠습니다."

1개월도 되지 않아서 아이의 해설 분석 실력이 눈에 띄게 좋아졌다. 사실 필자가 한 거라곤 크게 없다. '해설 분석 3단계'라는 큰 틀만 제시해주고, 그것만 지키도록 한 것이다. 나머지 세세한 부분은 학생 본인이 시행착오를 거치며 자기만의 스타일이 만들어진다.

또 이 아이의 해설 분석능력이 향상된 가장 큰 이유는 비문학 지문 분석을 하루 두 지문씩 꼬박꼬박 이행했기 때문이다. 지문 분석능력이 향상된 만큼 수학 문제를 이해하는 수준, 해설을 분석하는 수준이 당연히 향상된 것이다. 국어 비문학 지문, 수학 문제, 해설 분석은 각각 다른 영역으로 느껴질 수 있지만, 본질은 똑같다. 바로 '문해력'이다. 이 사실은 필자의 수업 결과가 증명해주고 있다.

수학 선행학습 기준을 정하는 방법

"선생님, ○○이는 지금 수학(상) 선행을 나가고 있는데요. 얘가 고집이 너무 세서 제 말을 듣지를 않아요. 그리고 사실 저도 학창시절에 수학을 그렇게 잘했던 게 아니라, 제 생각이 맞는지도 모르겠어요. 한번 봐주실 수 있나요?"

한 학부모에게 상담 요청이 들어왔다. 대화를 나눠보니 수학 선행학습에 대해 갈팡질팡하고 있는 모습이 보였다. 학부모에게 물어봤다.

"일단 ○○이가 현재 중학교 3학년이고, 수학(상) 선행학습을 나가는 중이라는 건 알겠습니다. 아이가 말을 듣지 않는다는 걸 보니, 뭔가 어머니랑 의견차가 있는 것 같아요. 정확히 어떤 부분이 답답하신 걸까요?"

"애가 지금 선행 교재로 《수학의 ○석》을 하고 있는데요. 제가 볼 때 많이 버거워하는 것 같아요."

"그렇군요. 《수학의 ○석》이 내용은 좋은데, 타 교재와 비교하면 가독성이 떨어집니다. 목차도 교과 과정이랑 다르게 구성되어 있어서 생각보다 어려워하는 아이들이 많죠."

"그러니까요! 그래서 ○석 말고 다른 교재를 풀자고 하니까, 애가 말을 듣질 않아요. 그냥 계속 ○석을 풀겠다고 고집을 부려요."

궁금한 점이 세 가지 떠올랐다. 첫째는 현재 아이가 수학에 투자하고 있는 시간이 얼마나 되는지다. 버거워한다는 건 보통 진도가 잘 안 나가고 있다는 뜻이다. 어려워서 그러는 걸 수도 있고, 시간 투자 자체가 적어서 그러는 걸 수도 있다. 아니면 둘 다일 수도 있다. 이 부분을 파악해봐야 한다.

둘째는《수학의 ○석》진도를 얼마나 진행했는지다. 《수학의 ○석》은 타 교재들과는 목차 구성이 조금 다르다. 교과 외적인 내용이 들어가 있기도 하고, 단원 순서가 아예 다르게 배열되기도 한다. 그래서 ○석 외에 '부교재'를 병행하는 경우, 아이가 혼란스러워할 수 있다. 이미 ○석으로 많이 진행한 상태라면 교재를 그대로 가는 게 더 나을 수도 있다.

셋째는 아이가 왜《수학의 ○석》을 계속해서 고집하고 있는지다. 보통 사람은 자신이 신뢰하는 사람의 말을 절대적으로 따르기도 한다. 예를 들어 본인이 존경하는 수학 선생님이 "수학을 잘하려면 무조건《수학의 ○석》을 풀어야 해."라고 말하면 맹목적으로 따르기도 한다. 아마 이런 상태일 가능성이 크다. 이런 상태에서 엄마가 아무리 합리적인 대안을 제시해주더라도 아이의 거부감만 커질 뿐이다(둘째, 셋째 내용에 대한 건 글 마지막 부분에 적어뒀다).

"그렇군요. 일단 궁금한 점이 몇 개 떠올랐는데, 직접 아이랑 같이 확인해봐야 할 것 같아요. 그럼 조금 뒤에 뵙겠습니다."

학생, 학부모 집에 도착했다.

"○○아, 아까 엄마랑 얘기해봤는데 궁금한 게 몇 개 있었거든. 하나하나 확인해봐도 될까?"

"네."

"하루에 공부는 얼마나 하니?"

"음, 그때그때 달라요."

"그렇구나. 대략 얼마나 하는지 알려줄 수 있니? 어제는 얼마나 했던 것 같아?"

아이와 얘기해본 결과 자습시간이 꽤 확보되어 있었다. 평일 기준 실질적인 자습시간이 대략 3시간 정도 됐는데, 이 정도면 중학교 내신 성적은 최상위권일 것이다. 수학도 하루 3시간씩 주 4회 정도 진행하고 있었다. 하지만 약간의 문제점이 보였다. 아이가 말했다.

"개학하기도 했고, 선행학습만 하고 있진 않아요. 현행이랑 선행을 병행해서 하고 있어요. 평일에는 현행 위주로 하고, 주말에 선행학습 진도를 나가요."

"선행학습 진도면 수학(상)을 얘기하는 거니?"

"수학(상)도 나가고, 중3-2도 하고 있어요."

"그럼 주말 중에 하루는 수학(상), 하루는 중3-2 이런 식으로 하는 건가?"

"네, 그렇게 하고 있어요."

"그렇구나. 그럼 지금 수학 공부하는 게 엄청 답답하겠네?"

"헉, 맞아요. 너무 답답해요!"

많이 답답할 수밖에 없다. 주 4회 수학 공부 중에서 두 번은 현행, 한 번은 중3-2, 또 한 번은 수학(상)을 하고 있으니 이도 저도 안 되는 상황이다. 해야 할 건 많은데, 뭐 하나 제대로 진행되는 게 없다고 느끼고 있을 거다.

"일단 선행으로 두 개를 동시에 나가고 있네. 보통 최신 진도 위주로 나갈 텐데, ○○이는 왜 중3-2를 동시에 나가고 있니?"

중3-2 교재를 봤더니 '××라벨'이었다. 아이의 공부패턴을 봤을 때 이미 《SS수학》, 《○○○○RPM》 등의 일반 교재들은 여러 번 풀어봤을 거다. 그런데도 중3-2를 놓지 못하는 이유는 보통 하나다. 아이에게 이어서 물어봤다.

"혹시 공부한 내용이 잊힐까 봐 걱정돼서 그러니?"

"맞아요……."

성실한 아이 중에서도 공부방법이 비효율적인 경우가 많다. 잘 이해가 되지 않으면, 일단 외워버리는 경향이 있다. 마치 영어 단어를 무작정 외워버리듯이. 하지만 수학에서도 계속 문제를 외워버리는 식으로 공부하면 금방 무너진다. 특히 선행학습의 경우, 더욱 빨리 무너져버린다.

"그런데 중3-2 개념 내용은 어떻게 구성되어 있어? 공부할 때 목차를 숙지하는 편이니?"

"……."

상위권 학생들을 지도할 때마다 목차를 숙지하고 있는지를 꼭 확인해본다. 암기 위주의 공부에서 벗어나 이해 위주로 공부해야 고등학교에 가서도 무너지지 않는다. 그 첫 단계가 바로 목차를 숙지하는 것이다.

수학 선행학습과 현행학습 방법이 각각 다른 건 아니다. 같은 맥락이다. 같은 공부이기 때문에 근본적인 방법이 달라지진 않는다. 이 글에서 제시한 대로 먼저 목차 위주로 뼈대를 잡는 과정이 필요하다. 다음은 소단원별 이해. 마지막으로 소단원의 내용과 관련 문제의 연관성을 잡아내는 훈련을 하면 된다.

다음은 또 다른 학부모와의 상담 내용이다.

"선생님은 선행학습을 해야 한다고 생각하시나요? 아니면 하지 말아야 한다고 생각하시나요?"

"사실 해야 한다, 말아야 한다, 정해져 있는 건 아닙니다. 학생마다 다릅니다. 일단 제가 제시해드리는 방법대로 공부를 해봐야 해요. 그리고 학생마다 투자하는 시간, 이해력 정도가 다르겠죠?"

"그렇겠죠."

"투자한 시간이 많아 현행학습이 빠르게 잘 완성됐다고 해볼게요. 그럼 어떻게 해야 할까요?"

"당연히 선행학습을 해야겠죠?"

"맞습니다. 선행학습을 할 역량이 되면 하는 거고, 안 되면 하지 않는 게 좋습니다. 주변 아이들을 보고 무작정 따라가지 말고, 우리 아이에게 맞춰서 가는 게 중요해요. 제가 제시해드리는 기준만 잘 숙지하고 습관화하시면 크게 흔들릴 일은 없을 거예요. 궁금한 점이 생기면 언제든 물어보시고요."

"알겠습니다. 선생님. 꼭 명심할게요."

종종 선행학습은 무조건 좋지 않다고 주장하는 사람들이 있다. 반대로 선행학습을 반드시 해야 한다고 주장하는 사람들도 있다. 개개인의 주관적인 신념이기에 옳고 그름을 판단할 순 없을 것이다. 하지만 아이가 드넓은 바다로 나아갈 수 있는데도 계속 개울가에만 머물게 할 필요가 있을까. 선행학습 여부는 아이의 역량에 달려있다.

둘째, 셋째 내용

《수학의 ○석》으로 엄마와 갈등이 있던 아이의 사례를 다시 살펴보자. 학부모는 아이가 《수학의 ○석》을 고집하는 게 불만족스러웠었다. 살펴봐야 할 세 가지가 있다고 했는데, 첫째는 아이가 수학 공부에 시간 투자를 얼마나 하고 있는지였다. 이 부분은 현행, 선행으로 쪼개서 하고 있던 게 문제였었다.

두 번째 궁금증은 '《수학의 ○석》 진도를 얼마나 진행했는지'였다. 아이의 《수학의 ○석》을 살펴본 결과 70% 정도가 진행된 상태였다. 이런 경우엔 그냥 그대로 진행하는 게 낫다. 하지만 필자가 봤을 때도 확실히 비효율적으로 진행되고 있는 게 많이 보이긴 했다.

"이 책에 있는 모든 문제를 꼭 다 풀어야 하는 건 아니야. 지금 보니까 예제랑 유제에서도 잘 이해되지 않는 부분도 있는 것 같네?"

"네, 맞아요. 예제 중에서도 헷갈리는 게 조금 많아요. 연습문제는 더 어렵고요."

"지금 같은 상황에선 연습문제까지 꾸역꾸역 풀지 않는 게 더 나아. 남겨뒀다가 R××이나 SS수학 같은 유형서로 필수 문제들을 충분히 익힌 뒤에 풀어보는 게 더 효율적이야. 어때, 그렇게 할래?"

"네, 그렇게 할게요."

세 번째 궁금증은 '아이가 왜 《수학의 ○석》을 고집하고 있는가.'였다. 이 부분도 필자의 예상이 맞았다. 수학학원 선생님이 《수학의 ○석》을 사랑하는 분이었다. 아이에게 물어봤다.

"혹시 다녔던 수학학원 선생님이 나이가 조금 있는 편이었니?"

"오, 네 맞아요!"

《수학의 ○석》이 나쁜 건 아니다. 하지만 요즘엔 ○석 말고도 괜찮은 교재들이 많다. 《개념○○》도 있고 《개념SS》, 《수학의 ×××》 등이 있다. 처음부터 난이도 있는 문제들을 접해보고 싶다면 《○○교과서》도 있다. 《SM쿰라우데》도 있다.

예전엔 수학 문제집들이 그렇게 다양하지 않았다. 현재 중·고등학교 부모님 세대 땐 《수학의 ○석》 말곤 크게 좋은 교재가 없었다. 그러다 보니 현재 40대 후반 정도의 수학 강사 대부분이 학생 시절 《수학의 ○석》으로 공부했던 경험이 있다. 그저 본인에게 익숙한 교재를 선호하고 있는 것뿐이다. 아이에게 말했다.

"옛날엔 수학 교재가 다양하지 않았어. 《수학의 ○석》 말곤 딱히 없었거든. 그래서 나이가 조금 있는 선생님들이 《수학의 ○석》이 친숙하다 보니까 ○석을 선호하는 경향이 있어. 그게 꼭 절대적인 건 아니야. 그냥 그 책이 익숙해서 그런 것뿐인 거야. 그리고 난 개인적으로 《수학의 ○석》을 그렇게 좋아하지 않아. 가독성이 떨어지거든."

"아! 그럼 어떤 교재를 풀어볼까요?"

"추천해주고 싶은 교재가 있긴 한데, 수학(상)은 《수학의 ○석》으로 이미 많이 진행한 상태니까 다른 교재로 굳이 전환할 필요는 없을 것 같아. 아까처럼 연습문제를 생략했던 것처럼 현재 ○○이 상황에 맞게 조절하면서 진행해보자."

"네!"

수학 선행학습을 꼭 해야만 하는 게 아니다. 선행학습을 했기 때문에 수학을 잘하는 게 아니다. 그냥 수학 선행학습을 할 수 있을 정도로 충분한 역량이 갖춰져 있으므로 잘하는 것이다. 중요한 건 선행학습이 아니라 '역량'을 키우는 것이다. 이 사실을 꼭 명심하고, 우리 아이에게 맞는 올바른 수학 공부의 방향을 정해보자.

1. 기본계산 문제 정답률 100%는 당연한 것이다. 중요한 건 '정확도+시간'이다. 《SS수학》 A단계 기준 한 페이지를 15분 안에 풀어내고 거기에 정답률 100%까지를 목표로 잡고 연산문제에 도전하게 하자.

2. 수학 개념공부의 3단계 중 첫 번째는 '목차 숙지'다. 전체적인 뼈대를 숙지하고 공부하는 건 매우 중요하다. 두 번째는 '소단원별 개념 이해'다. 마지막으로 세 번째는 '개념 내용과 문제의 연결'이다. 예제를 보며 대충 숫자 끼워 맞추기로 푸는 게 아니라, 개념부터 이해한 다음 그 개념과 문제의 관계를 이해해야 한다.

3. 문제 풀이의 3단계 중 첫 번째는 '문제 끝까지 읽기'다. 생각보다 많은 아이가 문제를 끝까지 읽지 않는다. 이 습관만 잘 들여도 실수로 틀리는 비율을 대폭 줄일 수 있다. 두 번째는 풀이 전략을 모색해보는 것이다. 타이머로 2~3분을 맞춘 뒤 그 시간 동안만 열심히 고민해본다. 마지막으로 풀이 전략이 잡혔을 때 '손 풀이'로 마무리하자.

4. 해설지 분석의 3단계는 먼저 '해설 이해'다. 보통 해설을 적당히 이해하고 넘어가는데, 정말 잘 이해했는지 점검해야 한다. 그래서 다음으로 '핵심 포인트 표시'다. 해설 중 무엇이 핵심인지 잡기가 어려운 경우가 많다. 그 이유는 해설을 정확히 이해하지 못했기 때문이다. 마지막으로 '풀이 전략 1~2줄 요약'이다.

02

영어,
어릴 때부터 안 하면
가망이 없나요?

이럴 때 도움이 돼요!

1. 여러 영어공부 중 아이에게 무엇을 시켜야 할지 모르겠을 때

2. 영어 시험에서 고득점을 받기 위해 무엇을 준비해야 할지 모르겠을 때

3. 어휘, 문법, 독해, 듣기 중 어디에 비중을 두어야 할지 모르겠을 때

중학생 자녀를 둔 학부모 중에서 국·영·수 중에 가장 많이 신경 쓰는 과목은 보통 수학이다. 특히 수학 선행학습에 대한 고민이 많을 것이다. 그러면 조금 더 앞으로 가보면 어떨까. 초등학생, 또는 그보다 더 어린 자녀를 둔 학부모의 가장 큰 고민은 영어다. 서너 살 정도밖에 되지 않은 아이에게 벌써부터 영어공부를 시키는 학부모도 많이 보인다. 영어 유치원에 보내는 경우도 많다. 확실히 초등학생 중 영어를 잘 구사하는 아이들을 보면 대부분이 아주

어릴 때부터 영어교육을 받은 경우가 많다.

그런데 이상한 점이 있다. 초등학생 땐 엘리트인 줄 알았던 아이가 중학교로 올라가면서 조금씩 달라지기 시작한다. 해외 유학도 다녀왔고, 영어로 의사소통도 잘하는데, 영어 점수가 생각보다 잘 나오지 않는다. 고등학교로 올라가니 성적이 더 떨어진다. 영어에서 고득점을 받는 아이들을 살펴보면, 꼭 어릴 때부터 체계적으로 영어교육을 받아온 건 아니다. 필수 조건이 아닌 것이다. 또 영어교육을 과할 정도로 많이 받았던 학생 가운데 고등 영어에서 2등급조차 받지 못하는 경우도 많았다.

"어릴 때 영어공부 진짜 많이 시켰었는데, 기억에 남는 게 하나도 없어요."

"어릴 땐 영어 엄청나게 잘했는데, 지금은 왜 이렇게 됐는지 모르겠어요."

실제로 이와 같은 이야기를 하는 아이들도 많았다. 이 아이들은 어린 시절 그렇게나 영어를 열심히 공부했는데, 왜 하나도 남는 게 없을까?

감으로 하는 영어의 한계

한국인 가운데 한국어를 구사하지 못하는 사람은 당연히 없다. 즉 한국어를 잘 구사하는 것과 국어 시험에서 좋은 성적을 받는 건 별개의 문제다. 이런 특징은 영어에도 그대로 적용된다. 초등, 중등 수준의 영어 문장은 복잡하지 않다. 단어만 다 알면 대략 어떤 내용인지 감으로 해석할 수 있다. 하지만 문장이 길고 복잡해질수록 말도 안 되는 해석을 하게 된다. 다음 두 문장을 살펴보자.

I am Tom.

첫 문장이다. 어떤가. '나는 톰이야.'라고 바로 해석될 것이다. 이어서 다음
문장을 살펴보자.

Our new teacher from Russia will arrive soon.

앞의 문장도 그렇게 어렵진 않을 것이다. 하지만 중학교 1~2학년 아이들
에겐 조금 어려울 수 있다. 실제로 앞의 문장을 이상하게 해석한 학생들이 꽤
있었다. 다음은 한 아이와 했던 대화다.

"이 문장 한번 해석해볼래?"

"음……. 우리의 새로운 선생님은 곧 러시아에 도착한다?"

어릴 때 영어 유치원을 다녔고, 초등학생 땐 어학원을 다녔다던 아이였다.
'선생님', '러시아', '도착하다' 정도의 단어를 갖고 대충 유추하면 이와 같은
잘못된 해석이 나올 수도 있다. 앞의 문장보다 서너 배 더 긴 문장이라면 본
뜻과는 완전히 다르게 소설을 쓸 것이다. 실제로 많은 아이가 그러고 있다.
참고로 앞의 문장을 올바르게 해석해보면, '러시아에서 오신 우리의 새로운
선생님은 곧 도착할 것이다.' 정도이다. 수식어구가 있어 문장이 살짝 길어
졌지만, 전부 제거하고 나면 '주어 + 동사'의 1형식 문장이다. 마지막으로 더

길어진 문장을 살펴보자. 다음은 고2 영어 모의고사 중 한 문장이다.

They are the people who have the *perspective to see *problems that the *insiders are too *close to really *notice.

*perspective : 관점

*problem : 문제

*insider : 내부자

*too ~ to ~ : 너무 ~해서 ~할 수 없는

*close : 가까운

*notice : 알아차리다

앞 문장도 학생들에게 자주 물어보는 문장 중 하나다. 고등학교 1학년을 대상으로 한 특강에서의 대화를 잠깐 살펴보겠다. 앞의 문장을 주고 아이들에게 말했다.

"모를 만한 단어는 전부 아래 적어놨으니까 한번 편하게 해석해봐."

다양한 해석들이 나왔다.

"그들은 사람이고, 관점이 있고, 문제를 갖고 있었다. 그리고 내부자에게 들통났다!"

"그들은 문제이다. 내부자들이 가까이 있다?"

학생들이 했던 대답이다. 앞 문장을 정확하게 해석하는 학생은 10명 중

1~2명 정도밖에 되지 않았다. 올바른 해석은 아래와 같다.

* 올바른 해석 : 그들은 내부자가 너무 가까이 있어서 정말 알아차릴 수 없는 문제들을 볼 수 있는 관점을 가진 사람들이다.

한글로 된 해석은 어떤가. 가볍게 한번 읽었다면 무슨 소리인지 이해가 되지 않았을 것이다. 이런 수준의 문장을 과연 감만으로 해석할 수 있을까. 감으로 하는 영어는 기본 문장까지가 한계다. 그리고 고등과정에서 기본 문장은 나오지 않는다.

영어에 많이 노출되게 하면 영어를 잘한다?

혹시 아이에게 무작정 영어로 된 책을 읽게 하고, 영어 방송 등을 보게 하고 있진 않은가. 한 아이는 초등학생 때 1년 동안 외국에서 살았다고 한다. 필자가 아이를 지도할 당시 학년은 고1이었는데 영어 모의고사 등급은 2~3 등급을 왔다 갔다 하는 정도였다. 조금 의외이지 않은가. 보통 해외 유학을 다녀온 아이라면 다른 과목은 몰라도 영어만큼은 당연히 100점을 받을 거라고 생각하진 않았는가. 필자도 직접 학생들을 지도해보기 전까진 그런 환상을 갖고 있었다. 하지만 직접 지도해본 바로는 현실은 완전히 달랐다. 유학을 다녀온 아이들이 상대적으로 영어에 친숙한 건 사실이었다. 그리고 주요 과목 중 가장 자신 있어 하는 과목도 대체로 영어였다. 그러면 해외 유학을 다녀왔는데 왜 어떤 아이들은 영어를 잘하고, 또 어떤 아이들은 영어를 잘하지 못할까. 그 둘의 분명한 차이점이 있었다. 바로 문법이었다.

우리는 한국인이다. 미국인이 아니다. 학창시절 학교든 학원이든 영어 수업을 당연히 들어봤을 것이다. 당시 수업을 생각해보면 영어로 말하는 시간이 더 많은가, 한국어로 말하는 시간이 더 많은가. 영어 수업이지만 영어로 이야기하는 비중은 거의 없다. 80%는 한국말이다. 영어 문장 하나를 몇 초간 읽은 뒤 5~10분 동안 문법을 설명한다. 영어권 아이들이 영어를 습득하는 방식으로 한국식 영어를 학습하려는 건 굉장히 어리석은 짓이다. 환경 자체가 다르다. 한국인이 24시간 온종일 한국말에 노출되어 있듯이 영어권 사람들은 온종일 영어에 노출되어 있다. 한국에서 24시간 영어에 노출된 환경을 만드는 건 거의 불가능에 가깝고, 만든다고 하더라도 예상치 못한 오류가 발생할 가능성도 크다. 우리는 영어권이 아니다. 우리에게 맞는 공부를 해야 한다. 아이에게 영어를 억지로 노출하는 건 결코 효율적인 방법이 아니다. 그러면 어떻게 해야 할까.

영어에서 중요한 건 문법?

"영어에서 가장 중요한 게 뭘까요?"

앞의 질문을 던지면 보통 두 종류의 대답이 나온다. 하나는 어휘고, 또 하나는 문법이다. 실제로 아이들을 살펴보면 영어 부분에 세팅된 건 어휘와 문법이다. 거기에 영어 듣기를 병행하는 정도가 대부분이다. 한 아이와의 대화를 살펴보자.

"영어공부는 어떻게 하고 있어? 학원?"

"네. 학원 다니고 있어요."

"그렇구나. 학원에서 진행하고 있는 교재들 갖고 있니? 있으면 전부 보여줘."

"네, 잠시만요."

아이가 가져온 교재는 《××마스터》와 《××팅 중학 영문법 3800제》였다. 그리고 학원에서 나눠준 여러 가지 프린트들이 있었다.

"단어장은 괜찮네. 어떻게 외우는지가 중요한데, 그건 조금 뒤에 얘기하는 거로 하고……. 3800제 풀고 있구나. 풀만 하니?"

"네, 괜찮은 것 같아요."

"그렇구나. 그럼 이렇게 물어볼까. 이 책 풀면서 무슨 내용 배웠는지 기억나니? 마침 제일 최근에 했던 부분이 to부정사네. 한번 어떤 내용이 있었는지 설명해볼래?"

"음……."

"'얼마나 잘하나 한번 보자!' 이런 의도는 아니야. 그냥 설명하는 것에 얼마나 익숙한지, 문법개념은 어떻게 공부하고 있는지 궁금해서 물어보는 거야. 책 펴고 보면서 설명해봐도 좋으니까 한번 생각을 정리해봐. 준비되면 얘기해줘."

"네."

1분 정도가 지나 아이가 말했다.

"잘 모르겠어요……."

영어에서 문법은 중요할까. 당연히 중요하다. 하지만 영문법 중에서 중요하지 않은 내용도 정말 많다. 정확히는 덜 중요한 부분들이 있다. 영문법에서 먼저 공부해야 하는 건 문장해석에 직접 필요한 내용이다. 영문법 문제를 맞히기 위해 공부하는 게 아니라, '정확한 해석'을 위해 영문법을 공부해야 한다. 다음의 네 가지를 우선으로 숙지해야 한다.

1. 문장의 5형식
2. 동사
3. 구
4. 절

가정법, 도치, 비교급 등의 내용을 학습하기 전에 뼈대부터 잡아야 한다. 앞의 네 가지에 대해 아이가 직접 설명할 수 있도록 만드는 작업을 해야 한다. 아무리 많은 영문법 문제를 푼다고 하더라도 아이의 머릿속에 문법개념이 잡히진 않는다. 문법개념을 이해하고 큰 뼈대부터 하나하나 외워 나가야 문법개념이 잡힌다. 이어서 대화를 살펴보자.

"영어 문법 매우 어렵지? 내용도 너무 많고 복잡하지 않니?"

"맞아요. 설명해보려니까 뭘 말해야 할지도 잘 모르겠어요."

"혹시 문장의 5형식이 뭔지 알아?"

"네, 알아요."

"그렇지. 당연히 다 알 거야. 그럼 영어 문장을 해석할 때 문장의 5형식에 근거해서 해석하고 있니?"

"……."

"그러면 1형식부터 5형식 문장 성분이 어떻게 되는지 말해볼 수 있니?"

"1형식은 '주어 + 동사'이고, 2형식은 '주어 +' 음……. '동사 + 목적어?'"

아마 100명의 학생 중 99~100명 모두가 문장의 5형식에 대해서 들어본 적은 있을 것이다. 하지만 문장의 5형식에 근거해서 영어 문장을 해석하고 있는 아이는 거의 없다. 그 이유는 앞에서 말했던 것과 연결된다. 바로 '감'으로 영어를 대충대충 공부하기 때문이다. 문장의 5형식은 다음과 같다.

1. 1형식 : S + V

2. 2형식 : S + V + SC

3. 3형식 : S + V + O

4. 4형식 : S + V + IO + DO

5. 5형식 : S + V + O + OC

* (참고) S는 주어, V는 동사, O는 목적어, C는 보어를 의미한다.

* (참고) SC는 주격보어, IO는 간접목적어, DO는 직접목적어, OC는 목적격보어를 의미한다.

입시 영어에 나오는 문장의 99%는 문장의 5형식으로 전부 해석된다. 그런데 왜 많은 아이가 문장의 5형식에 대해 잘 모를까. 그 이유는 적용이 되지 않기 때문이다. 5형식대로라면 문장이 길어봐야 네 개의 단어로 이루어져 있어야 한다. 하지만 영어 문장을 보면 네 개의 단어보단 훨씬 더 길고 복잡하다. 그래서 문장의 5형식은 별로 도움이 되지 않는다고 생각한다. 차라리 단어를 열심히 외워서 '감'으로 대충대충 해석하는 게 옳다고 생각하기 시작한다. 실제로 중학교 수준의 문장들은 '감'으로 해석하는 게 꽤 잘 통한다. 또 어려운 문장은 그냥 외워버리면 된다. 그렇게 공부해도 중등 내신에서는 고득점이 충분히 나온다. 그래서 본인이 영어를 잘못 공부하고 있다는 생각을 하지 않는다. 고등학교에 진학해 모의고사를 보고 나서야 뒤늦게 깨달을 뿐이다. 이런 상황을 방지하기 위해선 어떻게 공부해야 할까?

영어의 핵심능력

개인적으로 필자는 영문법 문제가 빼곡한 교재를 처음부터 추천하지는 않는다. 크게 두 가지 이유가 있는데, 첫째는 아이들이 너무 지겨워한다는 점이다. 이 부분은 자녀에게 영어 문법 공부를 시켜보려고 한 학부모라면 대부분 공감할 것이다. 두 번째는 영어에서 요구하는 핵심능력 때문이다. 내신, 특히 수능 영어에서 고득점을 받으려면 어떻게 공부해야 할까. 영어공부의 핵심은 국어와 마찬가지로 독해력이다. 결국엔 누군가가 쓴 글의 논리 구조를 파악하는 연습을 해야 한다. 그런데 문법교재의 문제들은 어떤가. 둘 중 하나를 고르는 식인 경우가 많다. is, are 중에 무엇이 답인지, beautiful, beautifully 중 뭐가 맞는지 골라야 한다. 공부 의지가 약한 아이들이 대충대충 공부하기에 딱 알맞은 모양이다. 문장 자체를 해석하는 데는 소홀해질 수밖에 없다. 모든 문제를 찍더라도 정답률이 50%다.

문장해석, 더 나아가 글의 구조를 파악하는 연습에 초점을 맞춰야 한다. 문법 전체를 공부하기 전에 문장해석에 필수적인 부분만 먼저 공부하는 것이 효과적이다. 필자가 자주 사용하는 책은 《××문》이다. 《××문》은 일반 문법 교재들과는 다르게 공부한 문법개념을 이용해 문장을 해석해보는 구조다. 무엇이 답인지 고르는 게 아니라, 문장 성분을 파악하고 문장의 구조를 분석하는 훈련에 초점이 맞춰져 있다. 학생과의 대화를 이어서 살펴보자.

"문장의 5형식이 영어 문장을 해석하는 데에 꼭 필요하다고 생각하니? 솔직하게 얘기해줘."

"사실 5형식이 중요한지 잘 모르겠어요."

"그렇지. 대부분이 그렇게 생각해. 나도 고1 때까진 그렇게 생각했던 것 같아. 지금 해석해본 문장 많이 어려웠지?"

"네……"

"잘 봐. 이 부분, 그리고 이 부분들이 수식어구야. 문장의 핵심성분은 아닌 거거든. 이렇게 문장을 덩어리로 묶을 수 있게 되면 생각보다 해석이 어렵지 않아. 지금 내가 괄호 처리한 부분들이 없다고 생각하고 해석하면 뭐야?"

참고로 문장을 묶고 나면 다음과 같다. They are the people. 이게 전부다.

*They are the people (who have the perspective) (to see problems) (that the insiders are too close to really notice).

"그들은 사람들이다?"

"맞아. 그게 다야. 괄호가 총 세 개지? 그중 첫째 부분 해석해볼래?"

"누가 갖고 있다, 관점을?"

"맞아. 앞부분이랑 이어보면 '그들은 관점을 갖고 있는 사람들이다.' 정도로 해석되는 거지. 다음 괄호 부분도 해석해보면?"

"문제점들을 보기 위해?"

"잘했어. 참고로 to부정사는 크게 보면 세 가지 내용이 다야. 생각보다 얼마 안 되지? 뭘 공부해야 하는지만 알면 영문법은 생각보다 쉽고 효율적으로 익힐 수 있어. 그럼 여기서는 '문제점들을 볼 수 있는' 정도로 해석하면 돼. 그럼 앞이랑 더 이어보면 뭐야?"

"아! '그들은 문제점들을 볼 수 있는 관점을 갖고 있는 사람들이다.' 같아요!"

"맞아. 마지막은 내가 할게. 마지막 괄호는 problem에 대한 수식이거든. 어떤 문제냐면 '내부자들은 너무 가까이 있어서 알아차릴 수 없는' 그런 문제들을 볼 수 있는 사람들이었다는 거지?"

"네!"

"이 문장의 상황은 마치 '등잔 밑이 어둡다.'라는 속담을 떠올려 보면 확 와 닿을 거야."

"아! 그러네요."

"지금은 내가 문장 구조를 잡아줬지만, 앞으로 3~6개월 뒤면 이 정도 문장은 직접 분석할 수 있게 될 거야."

"오……. 정말요?"

"응. 충분히 가능해.《××문》교재 들어본 적 있지?"

"네! 그런데 예전에 이미 풀어봤었어요……."

"어떻게 푸는지가 중요해. 제대로 된 방향으로 다시 공부해보면 전에는 왜《××문》을 공부했는데도 영어가 잘 안 되었는지 알게 될 거야."

"네!"

영어의 핵심능력은 독해력이다. 어릴 때 유학을 다녀왔거나 영어 유치원에 다닌 적이 있다면 영어로 일상적인 단순한 대화를 유창하게 하는 건 충분히 가능하다. 하지만 그렇다고 해서 꼭 입시 영어에서 고득점을 받는 건 아니다. 입시 영어에서는 일상적인 대화보다는 아주 길고 복잡한 구조의 문장들이 나온다. 이런 문장을 정확하게 해석할 수 있어야 한다. 또 문장 간의 논리 구조도 파악할 수 있어야 한다. 그러기 위해서는 글을 제대로 읽을 수 있어야 한다. 영어 문장을 정확하게 해석할 수 있는 능력과 글의 구조를 파악할 수 있는 독해력이 갖춰졌을 때 영어에서 고득점이 가능하다.

학원에서 독해 수업을 하는데도 우리 아이는 잘 못 해요

많은 영어학원에서 《××문》 교재를 사용한다. 또는 《××문》처럼 문장해석 연습을 할 수 있는 교재로 수업을 진행한다. 그런데도 아이들의 문장해석 실력이 늘지 않는 이유, 또 아이들이 문장의 5형식에 대해 제대로 말하지도 못하는 이유는 뭘까. 바로 보여주기식 수업을 진행하기 때문이다. 많은 영어 강사들의 수업을 보면, 아이들이 수업을 잘 따라가고 있는지보다는, 일정에 맞춰 진도만 빼는 게 더 중요해 보인다. 우리 아이가 영어학원에 다니고 있다면 교재에 열심히 필기 되어 있는 것만 보고 안심하지 마라. 그날 수업한 내용을 최소 10~20분 정도 정리한 뒤 설명까지 해볼 수 있도록 관리해주어야 한다.

영어단어를 외우려면 단어장을 봐야 한다?

고등학교 중상위권 아이들이 영어 문제를 틀리는 이유 중 '단어 뜻을 몰라서'인 경우도 많다. 영어 자체를 잘하기 위해서, 또 영어 시험에서 고득점을 받기 위해선 반드시 어휘력을 끌어올려야 한다. 그래서 다른 건 안 하더라도 단어만큼은 꼭 외워야 한다고 많은 선생님이 강조한다. 필자도 이 말에 너무 공감한다. 하지만 아이들이 영어가 싫은 이유 중 가장 큰 이유가 바로 단어 외우는 게 너무 고되기 때문이다. 과연 단어가 외우기 싫어 영어공부를 안 하는 아이에게 영어단어 암기를 강요하면 효과가 있을까? 당연히 없다. 이상적인 이야기일 뿐, 현실적으로는 거의 불가능하다. 다른 방법으로 접근해야 한다. 한 아이와의 대화를 살펴보자.

"영어를 잘하기 위해선 단어를 외워야 할까? 아니면 말아야 할까?"

"외워야 해요."

"맞아. 상위권 친구들이 영어 문제를 틀리는 이유도 단어 뜻을 몰랐기 때문일 때가 많거든. 그런데 영어단어 외우는 게 재밌니?"

"아뇨⋯⋯. 너무 싫은데요."

"그렇지. 나도 영어단어 외우는 거 진짜 재미없거든. 단어는 외워야겠는데 단어장은 쳐다보기도 싫고⋯⋯. 항상 딜레마에 빠지는 것 같아. 그런데 다행인 점이 있어. 단어장 말고 다른 방법으로 외울 수 있거든."

"⋯⋯!"

"초등 단어, 중등 기본 수준의 단어가 숙지 되어 있으면 단어 암기보다 영어 문장을 해석하는 연습이 더 중요해. 예전에 《××문》 입문편 풀어봤었다고 했지? 한번 볼까?"

"네!"

아이가 이미 해석해봤던 문장 중에서 모를 만한 단어가 섞여 있는 문장을 골랐다.

"여기 이 문장 해석해볼래? 해석해보기 전에 이 단어 뭔지 알겠니?"

"음⋯⋯. 잘 모르겠어요."

"모르는 단어는 전부 표시한 다음, 검색해서 뜻부터 다 적어보자."

모르는 단어들은 전부 찾았다.

"이 문장 몇 형식인지 알겠어?"

"아뇨……."

"문장 분석하는 건 앞으로 하나하나 쌓아갈 거니까 생략하고, 지금은 내가 잡아줄게. 여기가 수식어구고, 이 부분도 묶고. 그러면 '주어 + 동사 + 목적어' 3형식 문장인 거야. 3형식 문장은 어떻게 해석되지?"

"음……."

"I love you. 이 문장 뜻 뭐니?"

"나는 사랑한다 너를."

"그렇지. 3형식은 '주어가 동사한다 목적어를' 정도로 해석하면 돼. 그런데 이 단어 뜻이 뭐였지?"

"'채우다.'요!"

"그럼 이건?"

"'정정하다, 개정하다.'요!"

"어때, 그냥 문장을 해석해보니까 단어는 덤으로 외워지지?"

"아……, 네!"

어휘력이 약한 아이들은 보통 한 문장에 모르는 단어가 1~3개 정도 나온다. 평균적으로 두 개 정도 나온다고 보면 된다. 하루에 10개 문장을 해석하면 이미 알고 있던 단어 30개, 새로 외운 단어 20개 정도가 학습된다. 하루에 50개의 단어를 외우는 것이다. 특히 중학생 이상인데 영어 문장을 정확하게 해석할 수 없는 상태라면, 단어장을 보는 것보다 《××문》을 공부하는 것이 더 시급하다. 아이한테 말했다.

"단어장으로 매일매일 30~50개를 외우고 싶니? 아니면 《××문》을 공부하면서 문법 공부도 하고 동시에 단어도 외울래?"

"《××문》이요!"

영어를 너무 싫어하는 아이는 이 같은 방법으로 지도해보는 것을 추천한다. 문장 성분을 파악하는 훈련이 되면 대부분 문장이 정확하게 해석되기 시작한다. 거의 모든 문장이 1~5형식으로 보인다. 영어에 대한 재미가 붙기 시작하고 욕심이 생기기도 한다. 이 상태가 되면 단어장을 외우는 것도 큰 거부감 없이 하는 경우가 많다. 무작정 영어 단어장을 들이밀기보단, 영어에 대한 희망과 흥미를 찾아주는 게 중요하다.

영어에 대한 콤플렉스, 미련으로 인해 아이에게 영어를 강요하고 있는 건 아닌가?

영어공부법에 대한 글은 여기까지다. 필자가 입시교육에 흥미를 느끼는 이유는 아마 학창시절 필자의 경험 때문일 것이다. 289등에서 전교 1등으로 도약하는 과정에서 공부로 인해 무기력감도 느꼈고, 반대로 공부로 인해 엄청난 희열도 맛봤다. 이런 경험 때문인지 과거의 필자처럼 공부를 어려워하는 아이들이 보이면 도와주고 싶은 마음이 크다.

많은 학부모가 아직 초등학교 저학년이거나 심지어 초등학교에 들어가지도 않은 아이에게 영어를 강요하는 모습이 많이 보인다. 이런 학부모에게 꼭 하고 싶은 말이 있다. 혹시 본인이 학창시절 영어를 어려워했고, 영어에 대한 불안, 일종의 트라우마가 있진 않은가. 그런 것들을 우리 아이만큼은 느끼지 않았으면 하는 마음에 영어를 강요하고 있진 않은가. 명확한 목적 없이 이와 비슷한 이유로 아이에게 영어를 강요하고 있다면 곰곰이 생각해보길 바란다. 중요한 건 아이에게 영어를 공부시키는 게 아니라, 아이의 태도를 개선해주고 좋은 습관을 지닐 수 있게 연구하고 도와주는 것이다. 본질은 영어가 아니라 태도다.

1. 영어 유치원 출신이고, 해외 유학을 다녀왔다고 해서 영어 시험에서 고득점을 받는
   건 아니다. 한국인이라고 해서 모두가 국어에서 고득점을 받는 건 아니듯, 영어로 잘
   말하는 것과 영어 시험 고득점은 별개다.

2. 영어 고득점의 핵심은 '독해력'이다. 문장, 글의 논리 구조를 파악하는 능력을 길러야
   영어에서 고득점을 받을 수 있다.

3. 영어단어 암기를 위해 꼭 단어장만 봐야 하는 건 아니다. 영어 문장해석을 통해 충분
   히 많은 단어를 효율적으로 암기할 수도 있다.

4. 아이에게 영어교육을 강요하는 이유가 혹시 학창시절 본인의 영어에 대한 아쉬움 때
   문은 아닌지 잘 생각해봐야 한다.

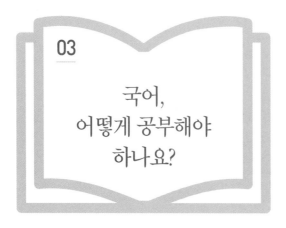

03

국어,
어떻게 공부해야
하나요?

이럴 때 도움이 돼요!

1. 국어공부를 어떻게 시켜야 할지 모르겠을 때

2. 비문학, 문학, 어휘집, 문법 중 어디에 집중해야 할지 모르겠을 때

3. 어휘집 공부를 해야 할지, 말아야 할지 고민일 때

학창시절, 필자를 가장 괴롭게 했던 과목이 바로 국어다. 겨울 방학 동안 하루 4~8시간을 온전히 국어공부에만 투자했던 기억도 있다. 그렇게 많은 시간을 투자했음에도 국어 성적에 큰 변화는 없었다.

'난 국어는 안 되나 보다. 수학이나 과학은 괜찮은데, 국어는 도저히 안 된다. 이게 내 한계구나.'

라고 생각하며 결국 국어를 포기했다. 필자가 준비했던 전형은 정시가 아니라 수시였기 때문에 수능 국어는 포기하고 수학, 과학, 영어에 더 많은 시간을 투자했었다. 더 나은 대학입시를 위한 선택이었고 결과적으론 성공적이었지만, 성인이 된 이후로도 국어에서 느낀 한계는 필자를 계속 괴롭게 했다. 일종의 트라우마였다. 괜히 국어 이야기가 나오면 움츠러들고, 긴장되기도 했다. 또 국어로 인한 실패 경험으로 아무리 열심히 해도(재능 등의 이유로) 절대로 극복할 수 없는 일들도 많다는 생각에 사로잡혀 있던 적도 있었다. 국어에 대한 트라우마를 극복하는 데에는 수능 이후로 7~8년의 시간이 더 걸렸던 것 같다. 여기서 중요한 건 필자가 국어에 대한 한계를 어떻게 극복했는지이다. 또 아이들의 국어 실력을 어떻게 끌어올리는지가 중요하다. 이번 글의 주제는 국어공부 방법이다. 필자가 고등학생이었던 시절은 이미 10년도 더 지났는데, 아직도 과거의 필자처럼 공부하고 있는 아이들이 너무 많다. 또 잘못된 국어 수업을 하고 있는 강사들이 아직도 너무 많이 보인다.

국어의 핵심능력

국어에서 핵심능력은 무엇일까. 이 질문에 답하기 전에 다른 것부터 살펴보자. 현재, 또는 미래에 당신은 아이의 국어 성적향상을 위해 다음 중 어떤 수업을 듣게 하고 싶은가.

1. 문법 수업

2. 문학 수업

3. 비문학 수업

4. 화법, 작문 수업

물론 절대적인 정답은 없다. 학생의 상황에 따라 현재 해야 하는 공부는 다를 것이다. 하지만 이 선택지 중 대부분이 문법 수업을 고른다. 또는 문학 수업을 고르기도 한다. 주변에서 논술학원에 보내서 독서를 시켜야 한다는 말에 아이를 논술학원에 보내기도 한다. 실제로 필자가 지도했던 학생 중 국어 논술학원에 다니는 아이들도 꽤 많았다. 그럼 다시 본론으로 돌아가자. 국어의 핵심능력은 무엇일까. 바로 독해력이다. 즉 현재 아이의 학습 상태가 어떤지 잘 모르겠다면 비문학 지문을 분석해보는 경험을 쌓게 하는 것이 중요하다.

잘 팔리지 않는 중등 비문학 문제집

고등학교에서 자기주도학습 특강을 진행했었다. 근처에 도착해서 필자가 가장 먼저 향했던 곳은 서점이었다. 꽤 규모가 있는 서점 한 곳과 동네 서점 한 곳을 갔었다. 어떤 교재들이 잘 팔리고 있는지 궁금해서였다.

"중등 비문학 교재 좀 보려고 하는데 어디에 있나요? 비문학 교재는 잘 팔리는 편인가요?"

"아뇨. 거의 안 사가요. 가끔 학부모들이 와서 사 가는 것 말곤 없죠."

"앞에 꽤 커다란 학원이 있던데, 학생이나 강사들도 중등 비문학 교재를 잘 안 사가나요?"

"그렇죠. 그 교재로 수업을 하는 경우가 없다 보니 안 사가죠. 그런데 어쩐 일로 비문학 교재를 사려고 하시나요?"

비문학의 본질

많은 논술학원에서 초등, 중등 학생들에게 비문학 문제집을 풀게 하기도 한다. 하지만 수업방식을 들어보면 너무 답답할 때가 많다. 대부분의 수업이 강사가 지문을 읽어주고 분석까지 해주는 식이다. 하나하나 상세하게 지문을 설명해준 뒤, 문제를 풀게 한다. 전부 설명해준 다음 풀게 하니 당연히 아이들은 거의 모든 문제를 맞힌다. 이렇게 해서 문제를 다 맞힌다고 해서 아이의 독해력이 향상될지는 잘 모르겠으나 확실한 건 있다. 학부모와 아이가 보기엔 꽤 만족스러울 것이라는 점이다. 교재에 빼곡하게 필기한 흔적들이 보이고, 거의 모든 문제에 동그라미가 쳐져 있다. 또 학원에서 아이의 상태에 대한 긍정적인 이야기, 희망적인 미래에 대한 말로 가득한 상담을 받으며 학부모의 마음은 들뜬다. 보내고 있는 학원에 대한 믿음이 점점 커질 것이다. 게다가 중등 내신은 시험 범위만 적당히 잘 외우면 100점에 가까운 점수가 나온다. 중학교 기간엔 국어에서 최상위권 성적이 나온다. 그러다가 고등학교 첫 모의고사를 보고 좌절한다. 3등급은커녕 4~5등급, 혹은 그 이하의 성적을 받는 경우가 태반이다. 중학교 국어 시험에서 100점을 받던 아이가 고등학교 모의고사에서 50점을 받아온다. 서울대도 충분히 노려볼 수 있을까 싶었지만, 막상 고등학교 성적을 보니 인서울 4년제는 물론이고, 지방 국립 대학에 가기도 힘든 상태였다. 논술학원에서 올바르게 가르쳐서 100점이었던 게 아니라, 그냥 쉬워서 100점이었던 것이다. 그럼 비문학 교재를 어떻게 공부해야 효과가 있을까. 처음부터 문제 풀이에 초점을 맞춰선 안 된다. 핵심은 지문을 분석하는 것이다. 다음의 3단계를 철저하게 지키면 된다.

1. 문단별 내용 정리
2. 문단 간 구조 파악
3. 문제 풀이

아이에게 중등 비문학 교재를 풀게 하고 있는 학부모도 많을 것이다. 하지만 지문 하나하나를 분석하게 하고 있는 학부모는 거의 없다. 아이가 너무 싫어하기도 하고, 굳이 지문분석까지 하지 않더라도 정답률이 꽤 높게 나오기도 한다. 하지만 고등부 비문학부터는 지문분석 훈련이 되어 있지 않으면 정답률이 뚝 떨어진다.

비문학의 본질은 무엇일까? 그건 출제자가 어떻게 문제를 만드는지 생각해보면 알 수 있다. 지문과 문제 중 무엇이 먼저겠는가. 당연히 적절한 지문을 먼저 가져올 것이다. 그 뒤에 지문을 읽으며 어떻게 문제를 만들지 고민할 것이다. 출제자는 본인이 가져온 지문을 읽다가 특정 부분을 보고 '아! 이런 내용이 있으니까 이렇게 선지를 만들어보면 좋겠군!'이란 생각을 할 것이다. 즉 핵심은 문제가 아니라 지문이다. 지문으로부터 문제가 만들어진다. 문제 풀이 훈련도 해야 하겠지만 그건 나중에 해도 된다. 지문분석 훈련은 하지 않고, 문제 풀이 훈련만 하는 건 헛된 공부를 하고 있는 것이다.

비문학을 잡으면 모든 과목이 잡힌다

국어 비문학 공부, 특히 지문분석을 반드시 해야만 하는 이유가 있다. 바로 비문학 지문을 분석할 수 있는 만큼 아이의 학습이 완성되기 때문이다. 수학 강사 시절 학생들의 수학 성적을 향상시키기 위해 정말 많은 연구를 했었다. 심리학과 뇌과학까지 공부해봤다. 1:1식 수업을 하는 학원에 있을 때 유심히 관찰한 부분이 있다. 바로 아이들이 해설지를 이해하고 분석하는 수준이었다. 최상위권 아이들은 대체로 질문이 많지 않았다. 그 이유는 혼자서 해결이 되기 때문이다. 당연한 말이지만 아이가 공부해야 하는 내용은 전부 수학 교과서, 개념서에 친절하게 나와 있다. 즉 교재 내용만 잘 이해할 수 있으면 질문할 이유도 없는 것이다. 그러면 어떻게 해야 교재 내용을 이해할 수 있는 능력을 끌어올릴 수 있을까. 바로 국어 비문학 지문분석이다. 특히 사회, 과학 계열 과목은 비문학 지문분석 능력이 조금만 향상되더라도 실력이 빠르게 오르는 모습을 수도 없이 보고 있다.

반면에 수학은 내용이 점점 쌓여가는 구조이기 때문에 국어 비문학 지문분석 능력만으로는 한계가 있었다. 기본기가 없으면 성적이 나올 수 없기 때문이다. 하지만 독해력이 되는 아이들은 본인이 수학에서 비어 있는 부분이 어디인지만 알려줘도 어렵지 않게 혼자 메워나가는 경우가 많았다. 반면에 독해력 자체가 부족한 경우에는 고3임에도 불구하고 중등 수학 개념 내용조차 잘 이해하지 못하는 예도 있었다. 비문학을 잡으면 모든 과목이 향상된다.

문학, 문법 공부는요?

문학 공부, 문법 공부도 당연히 하면 좋다. 정확히는 할 수 있다면 좋다. 아이에게 여러 수업을 붙이기 전에 아이의 상태를 객관적으로 평가해봐야 한다. 아이가 하루에 몇 시간 공부하는가. 학원에 가 있는 시간 말고 집이나 독서실 등에서 자습하는 시간 말이다. 필자가 만나고 있는 대부분의 중학생 아이들의 실질적인 공부량은 하루 평균 1시간도 되지 않았다. 물론 책상에 앉아 있는 시간은 그보다 길었지만, 제대로 집중하는 시간은 얼마 되지 않았다. 집에서 빈둥거리고 있는 아이의 모습이 답답할 것이다. 하지만 학원에 간다고 그 태도가 갑자기 변하진 않는다. 그 모습 그대로 학원에서 수업을 듣고 있다고 생각하면 된다. 학원에 일단 보내면 어떻게든 될 거란 생각은 버려야 한다.

아이의 자습시간 자체가 많이 부족하기 때문에 대부분 아이는 문학 공부, 문법 공부를 할 시간이 없다. 국어에서 비문학, 수학에서는 선행학습이 아닌 현행학습부터, 영어는 기본 단어와 문장해석 능력만. 이렇게 과목별 필수 사항만 챙겨도 하루 자습시간이 3시간은 필요하다. 여기서 아이가 더 공부하는 게 가능하다면 국어 문학 공부나 문법 공부보다는 수학 선행학습을 시키고 싶지 않은가. 수학 선행까지 추가하고도 시간이 남는다면 그때 문학, 국어 문법, 또는 영문법이나 심화 단어 등을 붙이면 된다. 지금 당장 아이의 공부 스케줄에 문학을 추가할 순 없더라도 문학을 어떻게 공부해야 하는지는 한번 살펴보자.

문학 공부 방법

학창시절 문학 공부, 특히 시를 공부할 때 어떻게 했는가. 선생님이 설명해 주는 내용을 열심히 받아적느라 정신이 없었을 것이다. 지금도 과거와 똑같은 수업이 진행되고 있다. 아이가 작품을 직접 이해하고 분석한다기보단 선생님이 주입하는 그대로 암기하고 있다.

한 학생과의 대화를 보자.

"문학 공부는 어떻게 하고 있어? 지금 학원에서 나가고 있는 교재 보니까 문학 수업을 하고 있는 것 같네?"

"맞아요. 그냥 이 책으로 수업하고 있어요."

"그렇구나. 어떻게 수업이 진행되고 있어? 이 페이지 보니까 엄청 세세하게 필기가 되어 있네. 직접 생각하면서 해본 거야?"

"아뇨. 선생님이 설명해준 거 적은 거예요."

"그랬구나. 선생님이 이런 식으로 자세하게 설명해주고, 그다음에 문제 풀어보고 채점하고. 이렇게 진행되고 있나보구나?"

"맞아요."

이 아이가 다니고 있는 학원도 그저 보여주기식 수업을 진행하고 있는 것이다. 아이가 직접 작품을 분석하는 시간은 존재하지 않는다. 떠먹여 주는 공부는 아이의 학습능력 향상에 전혀 도움이 되지 않는다. 선생님의 역할은 작품 설명이 아니라, 작품 분석법을 교육하는 것이어야 한다. 아이에게 물어봤다.

"여기 밑줄 친 부분에 활유법이라고 적혀있네. 그런데 활유법이 뭐야?"

"잘 모르겠어요……."

아이가 필기한 것만 보고 뿌듯해하면 안 된다. 뭔지도 모르고 그저 무작정 선생님이 칠판에 적는 내용을 베껴 쓰기만 하는 경우가 태반이다. 그리고 저 상태에서 문제를 풀면 활유법이 뭔지 몰라도 문제를 전부 맞힐 수 있다. 문제에는 '~~부분에서 활유법이 쓰였다.' 또는 '~~부분에서 은유법이 쓰였다.' 이런 식으로만 묻기 때문이다. 아이의 상태를 더 꼼꼼하게 체크해봐야 한다. 그래도 일부 아이들은 선생님이 가르치는 내용을 필기하며 '음……. 그런데 활유법이 뭐지? 이따가 한번 찾아봐야겠다.'라고 생각한다. 이런 아이들은 공부하는 습관이 꽤 잡혀 있는 경우고, 대부분 아이는 스스로 생각해보는 능력이 부족한 상태다. 훈련을 통해 스스로 생각하는 아이로 만들어나가야 한다. 그래서 계속 되물어봐야 한다.

"내가 설명해줄 수도 있지만, 한번 직접 찾아보자. 그냥 인터넷에 검색하면 바로 나올 거야."

"네!"

"잘 찾았네. 뭐라고 적혀있어?"

"생명이 없는 사물을 생명이 있는 것처럼 표현한 거래요."

"그럼 교재에서 이 부분이 왜 활유법이 쓰였다고 설명되어 있는지 알겠어?"

"아! 알 것 같아요."

"그러면 이게 왜 활유법인지 한번 설명해보자."

이러한 피드백이 오가야 문학작품을 이해하는 능력이 길러진다. 아무리 화려한 언변으로 아이들의 귀에 쏙쏙 들어오게 설명해주더라도 직접적인 1:1 피드백 없이는 흡수시키기 어렵다. 문학 공부의 핵심은 '속뜻을 이해하는 능력'이다. 예를 들어 '나를 버리고 가시는 임은 십 리도 못 가서 발병 난다.'라는 내용을 그대로 받아들여선 안 된다. '아, 사랑하는 사람이 떠나지 않았으면 하는 마음이 담겨 있다고 볼 수 있겠네.' 등 속에 담긴 뜻을 생각해보고 시대적 상황과 연결도 해보고, 해설을 보며 본인의 생각과 비교해보는 과정이 반복되어야 한다.

속뜻, 즉 함축된 의미를 이해하기 위해서는 앞의 아이가 다니는 학원 같은 곳은 별 도움이 되지 않는다. 문학작품을 무작정 설명하고 외우게 하는 게 아니라, 문학작품을 분석하는 방법을 알려주는 수업을 들어야 한다. 작품 암기는 어차피 학교에서 충분히 많이 시킨다. 굳이 학원에서까지 한 번 더 의미 없는 암기를 하고 있을 필요는 없다. 맛있는 요리를 한번 먹는 게 아니라, 그 요리를 만드는 방법을 배워야 한다. 아무리 신선한 재료들이 넘치더라도 조리하는 방법을 모른다면 시들기만 할 뿐이다. 재룟값만 낭비되는 것이다. 아무 생각 없이 선생님의 설명을 받아적는 수업은 이제 그만두자.

어휘집 공부, 해야 하나요?

고등학교 국어 모의고사 지문을 처음 접해보는 아이들을 보면, 중학교 때 다뤘던 국어 교과서 내용과는 차원이 다르다고 표현하는 경우가 많다. 필자 또한 중학교 겨울 방학 때 처음 접해본 국어 모의고사 난이도로 인한 충격이 지금도 생생하게 남아 있다. 너무 어렵고, 무슨 소리인지 도저히 이해가 가지 않았던 기억이 난다. 당시 필자의 문해력 수준보다 그 지문의 난이도가 월등히 높았던 것이다. 논리 구조도 어렵지만, 어휘 하나하나가 무슨 뜻인지 이해가 가질 않았다. 독해력을 향상하기 위해 '어휘집'을 공부하는 게 요즘 국어 트렌드 중 하나다. 어휘력 수준이 올라가면 독해력이 향상된다는 것이다. 이에 관한 다양한 연구 결과도 존재하며 실제 수업에 적용해서 효과를 봤다는 이야기도 많이 돌아다닌다. 그런데 정말 국어 어휘집을 공부하는 게 효율적일까? 결론부터 말하면 효과가 있긴 하지만, 배보다 배꼽이 더 큰 상황이 나올 수도 있다.

다음은 한 학부모와의 상담 내용이다.

"선생님, 일단 지금 풀고 있는 비문학 문제집을 잠깐 멈추고 어휘집 공부부터 해보려고 해요. 선생님 생각은 어떠세요?"

"그렇군요. 어휘집을 공부해보는 것도 나쁘지 않아요. 실제로 효과가 있는 방법이기도 하고요. 다만, 비문학 지문을 분석하는 걸 멈추지는 않으셨으면 해요. 핵심은 지문을 꾸준히 분석해보는 거거든요. 지문에서 모르는 어휘가 너무 많다면 지문의 난이도를 낮추면 돼요. 비문학 지문분석 시간을 확보한 뒤에 추가로 시간을 더 확보할 수 있을 때 어휘집 공부를 병행하는 게 좋아요."

사실 필자의 생각은 어휘집을 굳이 공부할 필요는 없다는 것이다. 어휘력이 중요하지 않다는 뜻은 절대로 아니다. 어휘력도 중요하다. 그런데 어휘집을 공부해야만 어휘력이 향상되는 건 아니다. 중요한 건 아이가 글을 읽으면서 '어라! 나 이 단어 뜻을 모르네?'라는 사실을 인지할 수 있게 만드는 것이다. 이런 아이로 만드는 건 생각보다 힘들지 않다. 너무나도 당연하게 알고 있는 단어들 몇 개를 불러주고 뜻을 설명해보게 하면 된다.

"'상속하다.'라는 단어 알고 있지? 뜻이 뭐야? 한번 설명해볼래?"

이런 식으로 말이다. 생각보다 많은 아이가 잘 설명하지 못한다. 이런 걸 몇 번 물어봐 준 다음, 비문학 지문 읽을 때 모르는 단어가 나오면 표시하도록 하면 된다. 여기서 주의해야 할 점이 있다. 아이한테 이렇게 단어 뜻을 설명해보게 하는 등 본인이 단어를 알고 있는 줄 알았는데 그게 아니었다는 걸 반드시 인지시켜야 한다는 점이다. 이런 과정 없이 무작정 아이에게 '지문 읽으면서 모르는 단어 있으면 전부 표시해봐.'라고 지시하면 대부분 아이는 아무런 표시도 하지 않는다. '왜 모르는 단어 안 찾았어?'라고 물어보면 대답은 항상 같다. '모르는 단어가 없어서요.'이다. 하지만 아무 단어나 두세 개 물어보면 거의 대답하지 못한다. 그러니 아이에게 확실하게 인지시켜준 다음 어휘를 찾아보도록 하자.

이렇게 어휘 찾기 훈련을 1~2개월 정도만 진행하더라도 아이의 어휘력은 몰라보게 향상되는 것을 계속해서 확인하고 있다. 어휘집을 공부하지 않더라도, 비문학 지문분석을 통해 어휘력을 충분히 향상시킬 수 있다.

이렇듯 필자의 경험으로 어휘집 공부가 필수는 아니라고 확실하게 말할 수 있다. 하지만 어휘집 공부를 병행할 수 있으면 더욱 효과적인 건 사실이다. 어휘집 공부를 시키고 싶으면 시키되, 비문학 지문분석을 멈추면서까지 하는 것만 지양하자는 것이다. 아이의 현실적인 하루 공부량을 체크하고 현실적인 계획을 세워야 한다. 비문학 지문분석을 꾸준히 하면서 거기에 어휘집까지 하루 30분 정도 공부해볼 수 있다면 시키면 된다. 하지만 국어공부를 40~50분 겨우겨우 하는 아이라면, 어휘집 공부는 욕심일 수 있다. 이럴 땐 지문을 읽으면서 모르는 단어를 찾아보게 하는 것으로도 충분하다. 우선순위를 정리하면 다음과 같다.

1. 비문학 지문 읽으며 모르는 단어 찾기

2. 비문학 지문 분석하기

3. 그러고도 시간이 남는다면 어휘집 공부

1번이 되고 거기에 2번까지 얹는 게 가능하다면 그렇게 하라. 거기에 3번 까지 얹을 수 있으면 얹어라. 하지만 아이에게 과부하가 온다면 2번, 3번은 과감하게 내려놓아도 된다. 아이가 공부는 잘 안 하는데, 어휘력이 너무 부 족하다면 비문학 교재의 난이도를 낮추면 된다. 2~3개월 꾸준히 읽고 분석 하게 하라. 아이의 독해력 수준과 함께 어휘력도 올라가 있는 모습이 보일 것이다.

1. 국어의 핵심은 독해력이다. 독해력을 향상시키기 위해선 비문학 중심으로 공부하는 게 좋다. 비문학을 공부할 때 지문분석에 집중해야 한다. 문단별 요약, 문단 간 구조 이해 연습에 충분히 많은 시간을 투자해야 한다.

2. 국어에서 문법 공부에 집중해선 안 된다. 문법 공부는 우선순위를 가장 나중으로 둬야 한다. 미리 선행학습을 해봐야 실용성이 없으므로 전부 까먹는다.

3. 문학 공부는 문학작품을 암기하는 것이 아니다. 문학작품에 대한 독해력을 기르는 게 중요하다. 숨겨져 있는 뜻을 파악하는 연습을 해야 한다.

4. 어휘집을 꼭 봐야 하는 건 아니다. 공부를 싫어하는 아이에게 어휘집을 들이민다면 거부감만 커질 뿐이다. 비문학 지문분석이나 다른 과목을 공부하며 모르는 단어가 나올 때 찾아보도록 하라. 이조차도 싫어한다면 당장은 시키지 않는 것이 낫다.

STEP 3

중학교 시험과
고등학교의 시험은
다르다

평균 98점인데 자사고 가면 망한다고요?

이럴 때 도움이 돼요!

1. 중학교 성적이 올 A에 가깝지만, 실력이 잘 쌓이고 있는 것 같지 않을 때

2. 특목고, 자사고 준비를 하려는데 어떻게 해야 할지 모르겠을 때

3. 고등학교 선행학습이 잘 되고 있는지 확인하는 방법을 모르겠을 때

"저희 아이는 현재 중학교 3학년이고, 지난 시험에서 평균 98점으로 2등을 했습니다. 아이가 자사고에 진학하고 싶어 하는데, 어떻게 준비하는 게 좋을까요?"

한 학부모에게 문의가 들어왔다. 중학교 시절엔 최상위권이었지만, 고등학교에 진학하면서 성적이 급격히 하락하는 아이들이 많다. 그 이유로는 크

게 두 가지가 있는데, 첫째는 A등급의 비중이다. 중학교에서 A등급은 상위 30%까지 받을 수 있다. 하지만 고등학교에서 상위 30%면 4등급이다. 사실상 퍼센티지는 그대로 유지되더라도 중학교에선 최상위 등급을 받았던 아이가 고등학교에선 중위권으로 분포되는 것이다.

두 번째 이유는 학습전략이 달라지기 때문이다. 중학교 공부는 단순 암기로도 최상위권 성적이 가능하다. 심지어 학군이 높은 지역에서도 암기만 잘하는 학생들이 높은 성적을 받는 경우가 많다. 중학교 내신은 수능 이전의 시험인 학력고사와 흡사한 부분이 많다. 응용력을 확인하기보단 학교 수업을 성실하게 듣고, 꼼꼼히 암기했는지를 확인한다. 하지만 고등학교는 다르다. 물론 배운 내용을 잘 암기했는지만 물어보는 단순 문제도 출제되지만, 개념을 활용하고 추론하는 능력을 묻는 문제들의 비중이 높아진다. 예를 들어 영어의 경우 단순히 교과서 본문만 달달 외운다고 하더라도, 외부지문이 나온다. 크게는 교과서 지문에서 물어보지만, 보기에는 처음 보는 영어 문장들이 나온다. 순수 영어 실력이 갖춰져 있어야 풀어낼 수 있는 것이다. 그래서 일반고가 아닌 특목고, 자사고 등에 진학하고 싶어 하는 아이들에겐 이런 부분들을 확인해봐야 한다.

자사고에 가고 싶은 이유는?

"반가워. 엄마한테 대략적인 이야기는 들었어. ○○고등학교에 진학하고 싶은 것 같던데 맞니?"

"네."

"그 학교엔 왜 가고 싶어?"

"어······. 그냥 가고 싶어요. 큰 이유는 없는 것 같아요. 그냥 저희 지역에서 제일 좋은 학교고, 거기서 공부하면 더 좋지 않을까요?"

"그렇구나. 우리가 입시공부를 하는 목적은 여러 가지가 있겠지만, 그중 가장 큰 게 좋은 대학에 진학하는 거잖아?"

"네."

"그리고 지금 ○○고등학교에 진학하려는 것도 결국엔 더 좋은 대학에 진학하기에 유리해 보이기 때문인 거고. 아마 이렇게 생각해본 적이 없을 수도 있겠지만, 맞는 것 같니?"

"네, 그런 것 같아요."

"○○는 고등학교를 선택하는 기준이 뭐야?"

"······."

"내 기준은 진학했을 때 최상위권에 속할 수 있는지야. 무조건 일반고에 진학해야 한다, 특목고나 자사고에 진학해야 한다, 이런 생각은 하지 않아. 자사고에 진학해서도 상위권 반열에 들어갈 수 있으면 당연히 자사고에 가는 게 좋지. 혹시 고등학교 모의고사 문제 풀어본 적 있어?"

"아뇨, 없는 것 같아요. 영어학원에서 몇몇 문제 풀어보긴 했는데······."

"편집본이 아니라 아예 시험지 전체를 시간 재고 풀어본 적은 없는 거니?"

"네······."

"아마 학교 내신이랑은 아주 다를 거야. 수학 선행을 좀 했다니까 '고1 6월 모의고사'로 한번 풀어보자. 국어, 영어, 수학에서 각각 2등급 이상은 나와야 ○○고등학교에서도 해볼 만하다고 생각하면 돼."

충격적인 모의고사 결과

중학교 내신에서 아무리 올 A를 받았다고 하더라도, 전교 3등권이더라도 사실상 큰 의미가 없다. 앞에선 과목당 2등급이라고 얘기했지만, 대부분 아이는 3~5등급을 받는다. 3등급을 받는 경우도 드물고, 제대로 된 선행학습을 하지 않은 이상 거의 다 4등급 이하의 성적이 나온다.

"선생님, 아이가 3월 모의고사를 한번 풀어봤는데요……. 결과가 국어는 50점대고요, 수학은 50점이 안 되네요……. 영어는 지문들 보더니 안 될 것 같다며 아예 풀지 않았습니다. 어떻게 해야 할까요?"

아이들을 지도하며 자주 봐오는 모습이지만, 학부모로선 처음 겪는 일이다. 많이 당황스러울 것이다. 우리 아이가 공부를 잘하고, 어딜 가든 최상위권일 거라는 믿음은 고등학교에 올라가면서 90% 이상 깨져버린다. 그래도 고등학생이 되기 전에 그 사실을 깨닫는 건 정말 중요하다. 거기서 좌절하는 아이도 있지만, 최대한 수습하려는 아이도 있다.

"많이 당황스러우셨겠어요, 어머니. 아이의 반응은 어떻던가요?"

"사실 고등학교 진학에 대해 알아보면서 자사고에 진학하면 많이 어렵겠다

싶긴 했어요. 아이한테도 그냥 일반고 진학하는 건 어떠냐고 물어봤는데, 그래도 자기는 꼭 그 고등학교에 진학하고 싶다네요."

"좋습니다. 어머니. 지금 같은 결과가 나오면 좌절하는 아이들이 대부분입니다. 심지어 어떤 아이들은 기준 등급을 1등급으로 잡기도 해요. 테스트 결과에서 전부 1등급에 하나만 3등급이 나왔는데도 바로 포기해버리는 아이도 봤습니다. 공부에서 중요한 것 중의 하나가 멘탈이거든요. 다음 시간에 어떤 부분들을 메워야 할지 하나하나 살펴보겠습니다."

필자도 중학생 시절 수학에서 항상 90점 이상의 점수만 받다가 고등수학의 쓴맛을 보고 좌절했던 적이 있다. 멘탈과 성실성이 갖춰져 있다면 생각보다 해볼 만하다.

국어 모의고사, 양치기식 문제 풀이를 하면 망하는 이유

"○○야, 모의고사 본 건 좀 어땠어? 생각보다 많이 어려웠어?"

"네……. 학교 시험이랑은 많이 다른 것 같아요."

"그런데 영어는 왜 안 풀어봤니?"

"……. 무슨 내용인지 잘 알 수 없어서 그냥 국어랑 수학만 풀었어요."

"그랬구나. 그런데 국어는 무슨 말인지 알겠니? 내 생각엔 당연히 한국말이니까 읽히긴 했겠지만, 무슨 내용인지 이해가 잘 안 되지 않았을까 싶은데."

"헉! 맞아요."

"여기 이 지문은 문제 하나하나 풀 때마다 지문을 처음부터 또 읽고 또 읽고를 반복했었나 보네?"

"맞아요……."

"저번 시간에 국어공부를 어떻게 해야 한다고 했는지 기억하고 있니?"

"네……. 그런데 지문 하나를 한 시간씩 잡고 있는 게 정말 맞을까요? 그럼 실제 시험에서는 어떡해요?"

"아냐 아냐. 조금 다르게 생각해야 해. 지금 ○○의 독해 실력이 60분짜리 실력인 거야. 여기서부터 개선해나가야 해. 단순히 시간만 줄이는 건 무모한 짓이야. 그런 식으로 하면 잘해봐야 70~80점에서 끝이야. 문제만 주야장천 풀면 성적이 오를까?"

"아닐 것 같아요."

"그렇지? 그런데 올라. 독해력이 부족해도 스톱워치로 시간 재면서 풀면 점수가 오르긴 해."

"……?"

"사실 그래서 많은 학생이 국어를 점점 더 어려워하게 되는 거야. 방금 얘기한 것처럼 많이 맞아봐야 80점, 3~4등급이야. ○○는 점수가 50점 정도였지?"

"네."

"순식간에 70점 중후반대로 성적이 오른다면 그렇게 할래, 안 할래?"

"아……."

"그렇게 하는 순간 끝이라고 생각하면 돼. 첫 단계는 시간 안에 다 푸는 게 아니라, 아무리 시간이 오래 걸리더라도 전부 다 맞추는 거야. 완벽하게 맞춰야 해. 5개 선지가 각각 왜 맞고, 왜 틀리는지 그 근거를 전부 찾아낼 수 있어야 해."

아이도 필자가 제시해주는 방향으로 공부하는 게 맞겠다고 납득한 얼굴이었다.

"처음엔 점수가 안 오르거나 오히려 더 떨어질 거야. 하지만 장담하건대, 기본기가 쌓이면 시간 단축은 순식간이야. 그리고 기본기가 갖춰진 상태에선 시간을 줄이려고 애쓰지 않아도 어렵지 않게 될 거야."

영어공부, 문법 문제만 주야장천 풀고 있진 않은가?

"○○는 지금 수학이랑 영어학원 다니고 있는 거지?"
"네."
"영어는 어떻게 해? 사용하는 교재 있어? 단어장이라던가 문법교재라던가."
"아, 네! 잠시만요."

아이가 꺼내온 책은 문법책이었다. 교재는 문법개념은 간략하게 나와 있고 문제들이 굉장히 많이 수록된 책이었다. 물론 《○○문법 3000제》처럼 문제들 위주로 나와 있는 교재가 꼭 나쁘다는 건 아니다. 하지만 아이마다 상황과 수준이 다르다. 문법개념에 대한 뼈대를 잡아야 하는 아이도 있고, 문법에 대한 틀은 잡혔고 문제를 풀며 더 심화하고 뼈대를 단단하게 만들 단계에 있는 아이도 있다. 지금까지 지도해왔던 아이들을 봤을 때, 90% 이상은 문법개념이 제대로 돼 있지 않았다. 이 아이도 마찬가지였다. 이런 상태에서 문법 문제만 반복해서 풀게 하는 건 독이다.

"문제들이 엄청 많네. 진도도 꽤 나갔고. 정답률도 나쁘지 않은데? 그런데 내가 궁금한 건 개념 부분이야. 사실 학원에서 파트별로 짤막하게 나눠서 설명해주면 그 당시에는 어렵지 않게 문제를 풀어낼 수 있거든. 중요한 건 선생님이 가르쳐주신 내용이 ○○의 것으로 얼마나 소화됐는지야."

책에 보이는 개념 부분을 가리키며 물어보았다.

"여기 이 개념 보이지? 한번 설명해볼 수 있어?"

"……."

"너무 부담가실 필요는 없어. 그냥 아는 대로 설명해보면 돼."

20~30초 정도의 정적이 흘렀다. 문법개념 부분을 유심히 보다가 필자의 눈치를 보며 말했다.

"막상 설명해보려니까 어떻게 해야 할지 잘 모르겠어요."

"그렇지? 앞으로 ○○가 공부할 때 그 부분을 꼭 해줄 거야. 학원에 다녀오면 그날 진도 나갔던 부분들에 대해 직접 설명해볼 거야. 음……. 여기 이 페이지는 최근에 나간 거 맞니?"

"네. 어제 나갔던 내용이에요."

"좋아. 그럼 지금 한번 설명할 수 있게끔 정리해보자. 15분 줄 테니까 그 후에 한 번 설명해보자. 노트에 다시 정리해봐도 좋고, 마음대로 해봐."

"네!"

7~8분 만에 아이가 다시 말했다.

"이제 설명할 수 있을 것 같아요."

"좋아. 한번 해보자."

설명하기, 어려워서 못하는 게 아니라 해본 적이 없었을 뿐이다

조금 더듬더듬하는 부분이 있었지만, 무난하게 잘 설명했다. 공부를 잘하려면 남에게 설명할 수 있도록 공부해야 한다는 사실은 누구나 다 안다. 그리고 아이들에게 직접 설명해보라고 하면 앞의 아이처럼 잘 설명하지 못하는 경우가 많다. 그러나 설명하는 게 어려워서 못 하는 게 아니라, 해본 적이 없어서 낯선 것뿐이다. 지금 한 것처럼 10분 정도의 시간만 줘도 아이들은 배운 내용을 설명할 수 있게끔 곧잘 정리해낸다. 이 간단한 작업이 이루어지지 않기 때문에 아이들의 학습이 발목 잡히는 경우가 많다. 반드시 원활하게 설명할 수 있도록 아이를 지도하라. 논리적인 설명이 되면, 암기는 저절로 된다.

1. 먼저 고1 3월 모의고사를 꼭 풀어보게 하라. 학원에서 이야기하는 것만을 믿지 말고, 직접 출력해서 풀어보게 하는 게 좋다. 등급은 국어, 영어, 수학 각각 1~2등급이 나와야 자사고나 특목고 등에서 최소한의 경쟁이 가능하다.

2. 수학 선행학습 진도에 맞춰 모의고사 결과를 틈틈이 체크하라. 수학(상), 수학(하)를 공부했다면 고2 3월 모의고사를 풀어보면 된다. 수학1, 수학2까지 나갔다면 고3 3월 모의고사를 풀어보게 하라. 결과는 2등급 이내여야 한다.

3. 만약 앞의 기준에 미달이라면, 국어는 비문학과 문학 위주로 공부하라. 특히 비문학에 비중을 많이 두는 것을 추천한다. 문법 공부는 천천히 하는 게 좋다. 문법은 비문학과 문학부터 잡은 뒤에 해야 한다.

4. 수학은 문제만 풀지 말고 개념학습에도 충분한 시간을 투자하라. 문제 풀이 시간을 10~20% 정도만 줄이고, 그 시간에 개념학습을 하게 하라. 특히 주요 교과서 공식에 대해 증명할 수 있을 정도가 되어야 한다.

5. 영어는 어휘와 문장 해석력을 봐야 한다. 어휘의 경우 아이가 공부하고 있는 단어장의 아무 단어나 무작위로 20개 정도 테스트를 해보라. 16개 이상 대답한다면 양호한 편이다. 문장 해석력은 아이가 풀고 있는 교재 중 2줄 이상 되는 긴 문장을 3~4개 골라서 해석해보게 하라. 해설지의 해석과 비교하고 아이의 문장해석 수준을 확인해보라.

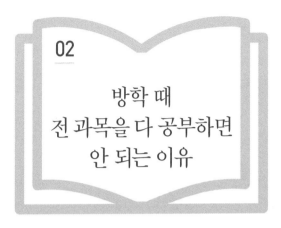

02

방학 때
전 과목을 다 공부하면
안 되는 이유

이럴 때 도움이 돼요!

1. 방학 때부터 내신을 차근차근 준비할지, 다른 공부를 할지 고민이신 분

2. 방학 때 수학이나 영어 등 특정 과목만 집중적으로 할지, 전체적으로 골고루 할지 고
   민이신 분

3. 방학 때 아이에게 공부를 하루에 몇 시간 정도 시키는 게 좋을지 고민이신 분

현재 아이가 다니고 있는 학원에서 연락이 왔다고 생각해보자. 영어, 수학
만 맡겨둔 학원이었는데 그 두 과목 외에 모든 과목을 관리해주겠다고 한다.
학원비의 변화는 없으며, 다른 과목에 대한 전문성도 전혀 떨어지지 않는다.
여러분이라면 같은 비용으로 전 과목을 관리받겠는가, 아니면 두 과목만 관
리받겠는가. 실제로 이 부분에 대해 고민하는 학부모들이 많다. 다음은 한 학

부모와 진행했던 상담 내용이다.

"선생님. 이번 여름방학 동안엔 아이가 전 과목을 훑어볼 수 있게끔 수업을 받게 하고 싶은데, 선생님 생각은 어떠세요?"

당시 아이는 중학교 2학년이었고, 중간고사 평균은 50점대였다. 그런데 필자와 수업을 진행하면서 기말고사에서 평균 점수가 단번에 30점이 올랐다. 아이와 학부모는 당연히 희망이 생겼을 것이다. 특히 기말고사를 거의 국·영·수 위주로만 준비시켰고 나머지 과목은 시험 보기 1주일 전까지 전혀 하지 않았다. 심지어 국어, 영어도 시험 보기 3주 전까지는 내신 준비가 아닌 다른 교재를 풀며 기본실력을 쌓는 데에만 주력했다. 그렇게 해서 기말고사 전 과목 평균이 83점이 나왔다. 그렇다면 이번 여름방학부터 꼼꼼하게 내신을 준비한다면 다음 학기에 최상위권 성적도 충분히 노려볼 수 있지 않을까 싶은 생각이 들었을 것이다. 마침 시간 여유가 있어 학부모와 상담을 진행했다.

"안녕하세요, 어머니. 아이 이야기 잘 들었습니다. 그런데 제 생각은 조금 달라요. 방학 동안 모든 과목을 훑어보는 건 크게 의미가 없을 수도 있습니다. 시간만 낭비될 가능성이 크거든요."

"그런가요?"

"네. 여름방학은 생각보다 짧습니다. 그리고 아이가 아직 중학교 2학년이긴 하지만, 수능에서 고득점을 받을 수 있도록 준비하려면 시간이 그렇게 여유로운 건 아니에요. 해야 할 게 많거든요."

"그렇군요. 그럼 이번 여름방학은 어떻게 공부하는 게 좋을까요?"

"일단 국어는 지금처럼 계속 비문학 지문분석만 집중적으로 하려고 해요. 아이가 아직은 공부를 그렇게 많이 하는 편이 아니라, 문학이나 문법 공부는 조금 천천히 진행하는 게 좋습니다."

"네. 그럼 영어공부는요? 영어는 그냥 단어라도 꾸준히 외우게 하는 게 좋을까요?"

"아뇨. 오히려 단어장 공부하는 비중을 많이 줄일 거예요. 대신 문장해석 연습에 집중할 겁니다. 문장을 읽고 해석하다 보면 모르는 단어들이 많이 나오거든요. 단어는 이런 식으로 문장 해석하다가 나오는 단어들 위주로 외우게 하는 거죠."

"저도 그 방법이 좋을 것 같긴 한데요. 그래도 단어장도 봐야 하지 않을까요?"

"단어장도 병행하면 당연히 좋습니다. 그런데 우선순위는 문장해석 능력이에요. 아이가 공부하는 걸 보면 보통 문장 하나 해석할 때마다 모르는 단어가 두 개 정도씩 나오고 있습니다. 하루에 15문장만 공부하더라도 모르는 단어가 30개씩은 외워져요. 어머니와 제가 생각하는 이상적인 공부를 시키는 것보단, 아이의 공부에 대한 의욕과 학습능력을 지속적으로 파악해서 알맞게 설계해주는 게 중요해요."

아이의 능력보다 4% 더 어려운 과제를 부여하라

영어공부에서 문장해석 능력을 키우는 것만 중요한 건 아니다. 필자는 이 책에서 문법 공부를 되도록 가볍게만 하던가 아니면 하지 말라고 말하지만, 영어에서 문법 또한 중요한 게 사실이다. 또 단어장을 꾸준히 외우는 건 더 말할 것도 없다. 당연히 매우 중요하다. 하지만 이 중요한 것들을 아이에게 무작정 강요하기 때문에 아이가 공부를 안 하게 되는 것이다.

아이가 공부를 지속하게 하는 건 스포츠와도 원리가 굉장히 유사하다. 예를 들어 철수라는 한 성인이 취미로 테니스를 배우고 있다고 하자. 그런데 철수의 상대가 프로 테니스 선수다. 철수는 최선을 다해 테니스를 배우지만, 상대방에게 전혀 게임이 되지 않는다. 이런 상태가 지속되면 철수는 테니스에 흥미를 느끼기 어려울 것이다.

철수가 의욕적으로 테니스를 배우기 위해선 알맞은 상대가 필요하다. 다섯 살짜리 꼬마 아이처럼 너무 쉬워도 안 되며, 프로급의 너무 어려운 상대여서도 안 된다. 철수와 수준이 엇비슷한 사람에게 이기기도 하고, 져보기도 하는 상태가 적당하다. 실제로 인간은 자기의 능력보다 4% 정도 더 뛰어난 상대와 겨룰 때 가장 의욕이 넘친다는 연구 결과도 있다.

공부도 마찬가지다. 책상에 한 시간 앉아 있는 것 자체도 너무 고통스러워 하는 아이에게 영어단어 50개 암기부터 시작해서 문법 공부, 독해와 틀린 문제에 대한 정확하고 구체적인 오답 분석 등을 요구하는 건 초심자에게 프로 선수와 대결하게 하는 것과 같다. 틀에 박힌 커리큘럼을 무작정 아이에게 욱

여넣어선 안 된다. 아이의 상태를 세세하게 관찰하고 파악해야 한다. 전체적인 방법론을 참고하되, 그게 모든 아이에게 똑같이 적용되는 건 아니다. 우리 아이가 소화할 수 있는 수준으로 가공해서 적용해야 한다.

"맞아요. 정말 그게 중요한 것 같아요, 선생님. 그러면 안 된다는 걸 알면서도 계속 아이한테 밀어붙인 것 같아요. 이런 일이 계속 반복되다 보니 아이가 저랑 공부에 관해 얘기하는 걸 싫어하게 된 거겠죠?"

"괜찮아요, 어머니. 지금부터 잘 만들어가면 돼요. 앞으로 1~2개월 동안은 아이에게 큰 부담이 되지 않는 선에서 진행해보세요. 하루에 딱 1시간 30분씩만 하는 거예요."

많은 학부모가 아이에게 얼른 수학 선행학습도 시키고, 영어도 중학교 수준의 어휘와 문법을 빨리 끝낸 뒤 수능 영어까지 공부하게 하고 싶을 것이다. 가능하면 수능 영어 그다음 단계까지도 원할 것이다. 이런 마음이 드는 건 너무나도 자연스러운 현상이다. 필자도 아이에게 10개의 과제를 주고 싶은 충동이 자주 들지만, 꾹 참고 가장 중요한, 지금 아이가 도전정신을 갖고 충분히 이행할 수 있는 한두 개의 과제만 낸다. 사람은 성취감을 크게 느낄수록 강요하지 않더라도 그 일을 더 하고 싶어 한다.

관심도 없던 탁구를 배우게 된 이유

필자가 좋아하는 스포츠는 축구와 복싱, 헬스다. 군 생활을 하던 시절 탁구를 잠깐 배운 적이 있는데, 탁구에 관심이 많았기 때문은 아니었다. 잘난 척하길 좋아하는 선임이 있었는데, 썩 마음에 들진 않는 사람이었다. 운동신경도 별로 좋지 않은 사람이었고, 필자와 종종 탁구를 하곤 했었다. 당연히 필자가 항상 이겼다.

그런데 어느 날 간부 한 명이 필자의 부대에 전입을 왔다. 특이한 점은 탁구를 전문적으로 배웠던 사람이라는 것이다. 잘난 척하길 좋아하는 선임이 그 간부에게 탁구를 배우기 시작했다. 그렇게 1개월 정도 지난 뒤에 선임과 또 탁구를 하게 되었는데, 그 선임에게 처음으로 졌다. 그것도 아주 처참하게 패배했다.

새로 온 간부에게 탁구를 배우긴 했다지만, 뭔가 굉장히 엉성해 보였다. 그런데도 그 선임에게 게임이 되지 않는 게 너무 자존심이 상했다. 그때의 기분은 정확히 '내가 충분히 이길 수 있는데, 엄청 약 오르네!'였다. 그날 밤 잠을 자려고 하는데 필자를 비웃는 선임의 모습에 잠도 잘 못 잤다. 다음날부터 필자도 간부에게 탁구를 배우기 시작했다.

일과가 끝나고 두세 시간 동안 탁구만 연습했다. 사람들과 가볍게 탁구 게임을 하는 것과 탁구를 연습하는 건 조금 다르다. 같은 동작만 500번 이상 반복하는 건 굉장히 지루할 수 있다. 공부에 비유하자면, 수학 연산문제를 매일매일 100문제씩 푸는 것과 같다고 보면 된다. 적절한 난이도의 수학 문제 두세 개를 푸는 건 꽤 흥미로울 수 있지만, 기본계산 문제만 계속 푸는 건 너무 지루하다. '이런다고 실력이 오르나?' 싶은 생각도 자주 들 것이다. 하지만 강렬한 동기가 있다면 그런 지루한 일들을 손쉽게 해나갈 수 있다. 아이에게 바로 그런 동기를 만들어주는 게 핵심 포인트다.

결국 1개월 뒤에 다시 잘난 척하는 선임을 꺾었다. 그런데 예상치 못한 일이 벌어졌다. 그 선임도 자존심이 상했는지 더 열심히 탁구를 연습했다. 그런 선임을 보며 필자도 지기 싫어서 더 연습했다. 토요일, 일요일에는 하루 5시간 이상 탁구를 연습했다. 탁구 장비도 구입했다. 결국 3개월이 지난 뒤에는 필자가 부대 내에서 탁구를 가장 잘하는 병사가 됐다. 그리고 그다음으로 잘하는 병사는 잘난 척하는 선임이었다.

선행학습을 시작하기 전에 먼저 해야 할 것

가능하다면 아이에게 모든 과목을 공부시키는 게 가장 좋을 것이다. 하지만 이상적인 이야기일 뿐, 현실적으로는 절대 실현될 수 없다. 하루에 12시간 이상씩 공부하는 극상위권 학생들에게도 전 과목을 완벽하게 잡는 건 굉장히 힘든 일이다. 전 과목을 공부하겠다는 생각은 다르게 해석해보면, 현재 아이에게 필요한 게 무엇인지 명확하게 파악하고 있지 못한 상태라고 볼 수도 있다. 수학 선행학습을 어떻게 하면 더 빠르게 나갈지를 고민하기보단 어떻게 하면 아이의 머릿속에 수학 개념을 확실하게 집어넣을 수 있을지를 고민해야 한다. 많은 문제를 풀기보다는 아이가 풀고 있는 수학 문제를 어떻게 하면 하나하나 서술형으로 정확하게 풀어낼 수 있도록 훈련시킬 수 있을지를 고민해야 한다. 국어와 영어도 마찬가지다. 어떻게 하면 아이의 독해력이 길러질지를 고민해야 하며, 어떻게 해야 아이가 문장을 정확하게 분석하고 독해할 수 있을지를 고민해야 한다.

아마 필자의 책에 소개된 실제 컨설팅 사례들을 살펴보면, 학생마다 겹치는 부분들이 꽤 있을 것이다. 우리 아이는 과목별 첫 단계로 무엇을 하는 게 효과적일지, 다음엔 무엇을 시켜볼지를 설계해보며 읽는다면 아이의 자기주도학습 능력을 키우는 데 많은 도움이 될 것이다. 필자의 글을 통해 아이의 학습을 직접 지도하며 겪을 시행착오를 많이 줄이기 바란다.

1. 방학 동안 전 과목을 준비하는 건 굉장히 비효율적이다. 한두 과목만 집중적으로 끌어올리는 게 중요하다.

2. 아이의 현실적인 공부량에 초점을 맞춰야 한다. 하루 한 시간 공부하는 아이에게 네다섯 시간 공부하게 하면 절대로 해내지 못한다. 아이의 공부량이 적더라도 그 시간을 알차게 보내는 것을 1차 목표로 잡아라.

3. 첫 단계로 국어는 비문학 지문분석, 영어는 문장해석(특히 구문 독해), 수학은 현행학습(특히 개념공부)을 하라.

4. 첫 단계가 충분히 되면, 그 위에 다음 단계를 얹어라. 국어는 문학 공부, 수학은 선행학습, 영어는 어휘다.

5. 그다음에 다른 과목을 하나하나 추가하는 게 바람직하다. 국 · 영 · 수 학습을 더 강화해도 되고, 과학이나 사회, 역사를 추가해도 좋다. 아이의 하루 공부량을 파악하여 위의 단계를 하나하나 진행해보자.

03

지금 다니고 있는 학원을 그만둬야 성적이 오른다

이럴 때 도움이 돼요!

1. 아이가 성실한 편이지만 스케줄이 너무 비효율적이라고 생각될 때

2. 학원에 머무는 시간만 너무 많은 것 같아 걱정일 때

3. 아이가 숙제가 너무 많아 새벽 늦게까지 어쩔 수 없이 깨어 있을 때

"지금 다니고 있는 학원이 국어, 영어, 수학에 과학까지 있는 거지? 이 정도면 스케줄이 엄청 빡빡할 것 같은데 일과가 보통 어떻게 돼?"

"보통 집에 도착해서 씻고 옷 갈아입은 다음 바로 학원에 가요."

"간식이나 저녁 먹을 시간도 없을 때가 있을 것 같네?"

"맞아요. 거의 아무것도 안 먹고 바로 가는 것 같아요."

"과목별로 학원 스케줄이 각각 어떻게 돼?"

"종합학원이에요. 맨날 5시에 가서 10시에 끝나요."

학생의 스케줄은 대략 다음과 같았다.

06:30~08:00 – 기상 및 학교 갈 준비

08:00~16:00 – 학교 일정

16:00~16:30 – 하교 후 휴식

16:30~16:50 – 학원으로 이동

17:00~22:00 – 학원 수업(국어, 영어, 수학, 과학)

22:00~22:20 – 집으로 이동

22:20~23:30 – 샤워 및 야식, 잠깐의 휴식

23:30~02:00 – 학원 숙제

02:00~06:30 – 취침(4시간 30분)

"5시까지 가려면 4시 30분에는 출발해야 할 텐데 쉴 틈이 없겠네. 집에 도착해서 씻고 야식도 먹고 하면 11시는 훌쩍 넘겠다."

"맞아요. 보통 집에 와서 씻고 간식 같은 거 먹으면 11시 30분 정도 돼요. 12시부터 학원 숙제나 학교 숙제 하고요."

"숙제하고 나면 새벽 2~3시는 될 것 같은데……. 그럼 잠은 하루에 4시간 정도 자고 있던 거야?"

"네. 평일에는 4시간 정도 자는 것 같아요."

아마 '사당오락'이라는 말을 알고 있는 학부모들이 많을 것이다. 5시간 자면 떨어지고, 4시간 자면 합격한다는 말이다. 필자가 정말 싫어하는 말이다. 말도 안 되는 소리이기 때문이다. 필자가 학생 시절 억지로 네 시간씩 자며 공부해봤고, 그렇게 하면 깨어 있는 시간에 얼마나 집중이 안 되는지, 얼마나 많이 졸면서 의미 없는 시간을 보내는지 직접 경험해봤다. 또 주말엔 잠만 자면서 오전 타임은 완전히 날려 버린다. 가끔은 오후 타임까지도 날릴 때도 있었다.

'우리 애가 참 성실하구나.' 하며 대견해 할 때가 아니다. 하루에 네 시간밖에 자지 못한 날 컨디션이 어땠는지 생각해보자. 업무에 집중이 잘 되는가. 또 그런 날이 매일매일 반복된다면 어떨까. 일의 능률이 오르지 않는다. 일시적으로 하루 이틀 오를 수 있지만, 장기적으로는 만성피로에 스트레스성 질병에 걸려 있을 확률이 높다.

"그런데 하루 네 시간밖에 못 자면 학교나 학원에서 계속 졸지 않니? 오전 수업 두세 시간 동안엔 비몽사몽 한 상태로 있을 것 같은데. 정신 차려보면 점심시간 되어 있고. 그렇지 않아?"

"맞아요……. 사실 학교에서 많이 졸아요. 필기해야 하는 수업 아니면 졸 때가 많아요."

"그렇구나. 또 하나 궁금한 게 있는데……. 혹시 본인을 자책할 때가 있니? 거의 온종일 공부하는데 성적은 원하는 만큼 나오지 않고, '이게 내 한계인가?' 싶은 생각이 들기도 하고. 졸고 있거나 딴짓할 때마다 본인이 한심하게 느껴지기도 하고."

"맞아요……. 그런 생각 자주 해요."

"나도 학생 때 그런 생각에 잠길 때가 많았거든. 열심히 하고 싶은 마음은 큰데, 몸이 따라주지는 않고. 앞으로는 그러지 않아도 돼. 어떤 부분을 개선해야 할지가 너무 명확하게 보이거든."

"정말요?"

"응. 가장 먼저 해야 할 건 지금 다니고 있는 학원을 전부 그만두는 거야."

무작정 학원에만 많이 보내고 있다면 당장 그만둬야 한다

어떻게 해야 할지 몰라서 일단 아이를 학원에 보내는 학부모들이 많다. 그게 꼭 잘못됐다는 건 아니지만, 아이의 공부에 대한 인식이 잘못 잡힐 수 있다. 공부에서 가장 중요한 건 자습시간을 확보하는 것이다. 많은 아이가 학원에 있는 시간을 본인이 공부한 시간이라고 착각한다. 하지만 대부분 학원에서 보내는 시간은 선생님의 수업을 구경하는 것에 불과하다. 즉 학원에 머무르는 시간은 생각보다 성적에 큰 영향을 미치지 않는다. 성적은 자습시간에 비례해서 나온다. 중요한 건 학원에서 들은 수업을 어떻게 복습하고 본인의 것으로 만들어졌는지 구체적으로 확인해주는 것이다.

"갑자기 학원을 그만두라니까 많이 당황스럽지? 그리고 지금 성적도 그렇게 만족스럽지 않은데, 학원을 그만두면 더 떨어지는 게 아닌가 걱정될 거야. 안 그러니?"

"맞아요."

학원을 그만두라는 말에 아이는 한동안 망설였다.

"정 불안하면 일단은 계속 다녀도 돼. 공부 방법을 하나하나 알아가게 될수록 학원이 별로 필요하게 느껴지지 않을 거야."

다행히 몇몇 필수적인 공부 방법을 훈련해본 아이와 학부모는 학원을 그만두고 혼자 공부해보기로 했다. 필자가 아이에게 주문한 건 수면시간 확보였다. 잠이 오든 오지 않든 12시 이전에 잠을 자기로 했다.

다음 목표는 문해력을 끌어올리는 것이었다. 매일 하루 2개씩 비문학 지문을 분석하게 했다. 수학은 문제의 양을 절반으로 줄였고, 대신 목차암기와 개념정리를 하도록 조언했다. 고등학교 수학 선행학습은 아예 제거해버렸다. 영어는 교재가 네 권이나 있었는데 전부 멈추고, 단어장 하나랑 독해집 하나로 축소했다. 남은 건 정해준 과제를 100% 이행할 수 있도록 관리해주는 것이었다. 과제의 양은 아이가 과제들을 모두 마치기 위해 하루에 네 시간씩 자습해야 할 정도로 정하는 것이 좋다. 공부를 많이 싫어하는 아이들의 경우, 처음엔 1시간 30분~2시간 정도면 끝낼 수 있는 과제량을 내주는 것이 좋지만, 아이가 꽤 성실한 편이라면 하루 서너 시간의 과제를 부여해보는 것도 괜찮다.

학원을 그만두니까 충분히 공부하고도 시간이 남아요

"역시 잘 해왔구나. 잠은 잘 자고 있어? 학교생활은 어때?"

"너무 좋아요!"

"국어 지문분석 하는 건 할 만하니? 생각보다 재밌지 않아?"

"맞아요! 국어공부가 제일 재밌었어요."

"그리고 수학은 어때? 목차암기는 처음 해보는 거지?"

"네. 할 만하긴 했는데…….."

아이의 대답이 시원하지 않았다. 사실 당연한 반응이기도 하다. 학생들은 운동선수나 마찬가지다. 그리고 강사는 코치나 감독 정도에 비유할 수 있다. 실전을 뛰는 건 선수다. 감독이나 코치는 한 발 떨어져서 선수의 전체적인 상황을 살펴볼 수 있지만, 선수는 조금 다르다. 당장 코앞에 있는 시합에서 좋은 성과를 내야만 한다는 압박감에 시달릴 수밖에 없다. 학생들도 마찬가지다. 바로 다음 시험에서 좋은 성적을 내고 싶어 할 수밖에 없다. 중학교 2학년인 학생이 5년 뒤 고3이 됐을 때를 생각하며 장기적인 안목으로 공부하는 건 불가능하다고 봐야 한다. 당장 시험에 나올 내용, 즉 예상문제들을 풀어야 마음이 놓일 것이다. 그런데 목차는 어떤가. 목차 내용이 시험에 나오지는 않는다. 아이로선 굳이 시험에도 나오지 않는 부분에 왜 시간을 들여야 하는지 이해가 가지 않을 수밖에 없다.

"지금 어떤 마음인지 알 것 같아. 목차를 굳이 왜 외워야 하는지 잘 모르겠지?"

"……."

"괜찮아. 그런 생각이 드는 건 너무나 당연한 거거든. 나도 학생 때 그랬어. 그리고 우리 둘뿐만 아니라 거의 모든 학생이 목차를 외울 필요성을 느끼지 못해. 그러니까 안 외우지! 지금은 논리적으로 설득하는 건 별로 좋지 않을 것 같아. 그냥 날 믿고 일단 외워봐. 아마 한 달도 되지 않아서 왜 내가 목차 외우는 걸 그렇게나 강조하고 계속해서 시켰는지 알게 될 거야. 그때쯤 되면 내가 목차 보지 말라고 해도 계속해서 볼걸?"

"네!"

아이가 공부한 흔적들을 한번 살펴보라. 특히 개념공부 하는 모습을 보라. 아이가 목차를 보고 있는가? 아이가 개념의 세세한 부분들을 읽기 전에 소주제가 무엇인지, 그 하위 내용으로는 무엇이 있는지 파악하고 있는가? 만약 그렇게 하고 있지 않다면 장기적으로 볼 때 좋은 결과를 기대하기는 어려울 수도 있다. 필자는 목차 숙지를 옷장에 비유하곤 한다. 뼈대를 잡지 않고 공부하는 건 마치 바닥에 옷을 널브러뜨리는 것과 같다. 방바닥에 수십 벌의 옷이 널브러져 있는 모습을 상상해보라. 너무 답답하지 않은가. 최상위 개념부터 시작해서 뼈대를 잡지 않는 공부는 계속해서 바닥에 옷을 팽개치는 것과 같다. 여름옷이 필요한데, 찾으려면 한참의 시간이 걸린다. 찾지 못할 수도 있다. 두서없이 공부하면 내가 원하는 개념을 그때그때 꺼내 쓸 수 없다. 옷장에 옷을 정리해야 한다. 봄, 여름, 가을, 겨울옷으로 분류해야 한다. 속옷인지 겉옷인지 구분해야 하고 상의인지 하의인지 구분해야 한다. 그래야 바로바로 사용할 수 있고, 내가 너무 여름옷만 많이 갖고 있진 않은지, 겨울옷이 부족하지 않은지 단번에 파악할 수 있다.

기말고사 2주 전까진 내신 준비하지 않을 거야

중간고사 준비를 4주 동안만 하는 것도 굉장히 빠듯하다. 그리고 기말고사는 공부해야 할 과목이 더 많아진다. 중간고사보다 준비할 시간이 더 필요할 것이다. 그런데도 앞의 아이에게 2주 동안만 기말고사를 준비해보도록 지시했다. 필자가 이런 제안을 하면, 학부모와 학생 모두 굉장히 부담스러워한다. 아마 이 책을 읽고 있는 학부모들도 비슷한 기분이 들 것이다. 지금부터 다루는 내용을 살펴보고 한번 시도해보라. 분명 좋은 경험이 될 것이다.

"이제 기말고사가 5주 남았네? 지난 일주일도 잘 공부해봤어?"

"네! 국어 비문학 지문 세 개씩 분석하는 것도 할만했어요. 그런데 이제 슬슬 기말고사도 준비해야 하지 않을까요?"

"그렇지. 보통 지금 시기부터 기말고사를 준비하지. 그런데 난 조금 다르게 가보려고 해. 지금 중학교 2학년이잖아?"

"네."

"처음 내신 시험을 보는 거다 보니 많이 부담되지?"

"네. 반장이기도 하고, 많이 부담되고 걱정되는 것 같아요."

"시험 2주 전까지 기말고사 준비 안 하고 계속 지금처럼 공부해보려고 하는데 어때?"

"네? 그러면 완전 망할 텐데……."

"중학교 3학년이 되면 어떨 것 같아? 중2, 중3 중 어느 시기가 더 중요할 것 같아?"

"중3이요."

"그렇지. 고등학교에 입학하기 직전이다 보니 준비할 것도 많고, 아마 지금보다 시험에 대한 압박감이 더 커질 거야. 그럼 중3 때랑 고1 중에는 언제가 더 압박이 심할 것 같아?"

"고1 때요."

"맞아. 고등학교 때부턴 실전이거든. 시험 한번 잘못 보면 바로 대학입시랑 직결되다 보니 엄청난 부담을 느낄 수밖에 없어. 내가 왜 이 말을 하는지 이제 알겠지?"

"네……."

"지금도 당연히 불안할 거야. 시험 중에 중요하지 않은 시험은 없겠지. 그런데 지금 시행착오를 겪어보는 게 좋아. 뭐가 부족한지 파악해야 하고, 어떻게 개선해야 할지 많이 고민해봐야 해. 지금 시행착오를 피하면 결국엔 중3 때, 더 늦으면 고등학교에 올라가서 시행착오를 겪게 될 거야. 고등학생이 돼서 시행착오를 겪는 건 너무 늦을 수도 있어. 그래서 난 이번 시험 2주 전까지는 계속 지금 하던 공부를 이어서 해봤으면 해. 그리고 내가 장담하는데, 성적 절대 안 떨어져. 오히려 오를 거야. 지금까지 어떻게 공부해야 하는지 몰라서 그랬던 거고, 방법만 알면 2주도 충분해. 사실 1주만 남겨두고 시작해도 되는데 넉넉하게 2주 잡아보는 거야."

문해력이 쌓이고 나면

지금 이 아이에게 필요한 건 국어 비문학 지문분석 능력을 키우는 것이다. 성실한 아이들은 2~3주만 꾸준히 비문학 지문을 분석해보고 반복적으로 피드백을 주고받으면 학습능력이 일취월장한다. 사실 국어 비문학 지문은 인문, 사회, 과학, 기술, 예술 등 모든 분야의 지식을 다룬다. 모든 공부는 글로 이루어져 있다. 학생이 수학을 못 하는 근본적인 원인은 문해력 부족이다. 사회와 과학을 못 하는 이유도 마찬가지로 문해력 부족이다. 다시 말해 비문학 지문분석을 통해 문해력이 향상되면 모든 과목의 실력이 향상된다.

"이제 시험 2주 남았네. 내신 준비 너무 하고 싶었지?"

"네!"

"국어 지문분석도 꽤 능숙해졌네. 이젠 문단 별로 요약하지 않아도 머릿속에서 어느 정도 구조가 잡힐 것 같은데?"

"맞아요! 가끔 너무 어려운 지문들 말고는 거의 괜찮은 것 같아요."

"좋아. 그리고 교과서 잘 챙겨왔지? 역사 교과서부터 한번 보자."

대략 20페이지 정도를 정독하게 했다. 시간은 25분밖에 걸리지 않았다.

"읽어본 소감은 어때? 되게 쉽지 않아?"

"네. 너무 쉬운데요."

고1 수준의 비문학 지문을 정밀하게 분석하다가 갑자기 중학교 2학년 수준의 교과서를 읽으니 당연한 반응이다. 지금까지 필자가 직간접적으로 지도해온 수백 명의 학생 중 80% 정도가 교과서를 읽어본 경험이 거의 없었다.

정확히는 교과서를 읽지 못했다. 길게 서술된 글들을 이해하는 능력이 턱없이 부족했던 것이다. 아이들의 부족한 독해력을 채워주는 건 생각보다 어렵지 않다. 단지 코앞의 시험 때문에 계속해서 미루고 미루다 보니 훈련할 기회가 없었던 것뿐이다.

"그런데 보통 교과서나 자습서를 이렇게 한 번 읽고 끝내니?"

"아뇨."

"그러면?"

"밑줄도 치고 하면서 자세하게 외워야죠."

"그렇지. 최종적으로는 외워야 하는 게 맞아. 그래야 내신 시험에서 고득점을 할 수 있겠지. 그런데 처음부터 무작정 외우는 건 굉장히 비효율적이야. 지금 독해력 수준이면, 한번 정독만 해도 내용의 80%는 외워질 거거든. 한번 지금 상태에서 바로 문제 풀어봐."

한 시간에 30페이지씩 공부할 수 있는 이유

한 번만 읽고 문제를 풀었지만, 정답률은 90%를 넘었다. 교과서 25페이지 정독, 해당 단원 문제집 풀이 및 오답 분석까지 총 50분 정도밖에 걸리지 않았다.

목차 위주로 공부하게 했던 것, 큰 구조부터 잡아가는 연습을 시켰던 것, 국어 비문학 지문분석에 가장 큰 공을 들인 이유가 바로 이것 때문이다. 이 아이뿐 아니라, 어떤 아이든 올바른 지문분석 훈련을 시킨다면 10명 중 8~9명은 이런 경험을 한다. 당연히 그렇게 될 수밖에 없다. 보통 앞의 아이와 같은 상태를 만들어내는 데 3~6개월이면 된다.

"내가 저번에 1주일로도 충분할 거라고 했잖아? 공부해보니까 어때? 일주일이면 모든 과목 다 끝낼 수 있을 것 같아?"

"네! 가능할 것 같아요!"

학생 시절 어떻게 공부했었는지 생각해보자. 시험이 얼마 남지 않았고, '지금 공부하는 내용이 시험에 나왔을 때 반드시 맞추겠다.'라는 마음으로 공부한다면, 아마 한 시간을 공부해도 적게는 1~2페이지, 많아 봐야 5~6페이지밖에 진도를 나가지 못했을 것이다. 비문학 지문분석 훈련을 통해 아이의 내공을 쌓아주면 한 시간 동안 30페이지도 충분하다. 글의 구조를 파악할 수 있고, 충분한 독해력이 쌓이면 외우려고 하지 않아도 80% 이상은 저절로 외워진다. 문제 풀이를 하면서 더 세세한 내용들이 외워진다. 정말 안 외워지는 몇몇 부분들만 2~3회 독씩 반복하며 시험 직전에 외우면 된다.

기말고사 결과

이 아이가 필자의 조언대로 공부를 해보기 전 중간고사 평균은 70점 초반이었다. 과연 이 아이는 기말고사에서 최상위권으로 도약했을까. 결론부터 말하자면 그러지는 못했다. 평균은 85점을 조금 넘었다. 이전과는 비교도 안 될 정도의 공부 효율에 방심하기도 했고, 잘 이해되지 않거나 외워지지 않는 일부 내용을 꼼꼼하게 채울 시간이 부족했기 때문이다.

"중간고사와 비교하면 엄청 많이 올랐네? 시험공부도 2주 동안만 했는데 말이야."

"맞아요! 그런데 사실 많이 아쉬워요. 더 잘할 수 있었는데……."

"아주 만족스럽진 않은가보구나?"

"네, 맞아요."

"그럼 생각보다 점수가 덜 나왔다는 뜻일 텐데 왜 그랬던 것 같아? 어떻게 하면 다음 시험에서 더 좋은 성과를 낼 수 있을 것 같아?"

"다음엔 더 자세하게 외워야 할 것 같아요."

"맞아. 최대한 큰 흐름부터 파악해서 80~90%는 쉽게 이해하고 외울 수 있어. 그다음으로는 학교 선생님이 강조하셨던 부분들, 학습자료로 나눠준 내용 중 사이드에 있는 세세한 내용들까지 공부해야 해. 아마 이 부분이 부족했겠지?"

"맞아요!"

사실 5~6주의 충분한 시간을 두고 시험 범위 내용을 전부 외워버리게 하는 게 중학교 내신 최상위권을 만드는 가장 무난한 방법이다. 하지만 장기적으로 볼 때 위험할 수 있다. 아이의 내공이 쌓이지 않을 수 있기 때문이다. 대학 수능에서는 학생들에게 암기력을 요구하지 않는다. 그보다는 사고력을 확인하고 싶어 한다. 여러 이론이나 개념들을 단순히 외우는 게 아니라, 공통점을 찾아내고 논리적으로 연결할 수 있는지를 평가하고 싶어 한다.

성실한 아이들은 어디를 어떻게 외워야 하는지만 잡아줘도 중학교 내신에서는 바로 고득점을 한다. 그럼에도 필자가 그렇게 지도하지 않는 이유는 간단하다. 중학교 내신까지만 먹히는 의미 없는 전략이기 때문이다. 무식한 통암기가 아닌 아이의 공부 능력 자체를 향상해야 한다. 영어 본문을 통으로 외워버리는 게 아니라, 그 정도 수준의 내용은 본인 실력으로 무난하게 정복할 수 있게 만들어주어야 한다. 내공이 쌓이면 암기는 더욱 쉬워진다.

깨어 있는 모든 시간에 공부만 해야 최상위권이 되는 건 아니다. 오히려 공부시간을 확보해보려고 하루에 네다섯 시간만 잔다면 공부 수행률은 바로 곤두박질칠 것이다. 수업시간에는 졸기만 할 것이고, 선생님이 강조하는 내용을 굉장히 많이 놓칠 것이다. 학교 수업을 이해하지 못했으니 학원에 가서라도 열심히 수업을 들어보려곤 하지만, 멍한 상태는 마찬가지일 것이다. 책상에 앉아 있는 시간도 중요하지만, 더 중요한 건 실질적인 공부다. 집중해서 자습한 시간이 얼마나 되는지가 핵심이다. 먼저 충분한 수면시간과 자습시간을 확보하라. 그 이후에 학원이나 기타 활동들을 부수적으로 추가하는 것이 고득점의 지름길이다.

1. 현재 아무 기준 없이 막연하게 아이를 학원에 보내고 있다면 당장 그만두는 것이 좋다. 완전히 그만두기 두렵다면 1~2개월 동안이라도 잠깐 멈춰보라. 고등학생이 되기 전에 한 번쯤은 아이 스스로 시험을 준비하고, 치르게 해보는 경험도 중요하다.

2. 학원을 그만뒀다면 먼저 수면시간을 충분히 확보하자. 그다음 하루 자습시간을 충분히 확보해야 한다. 처음에는 자습시간을 두 시간만 확보해도 성공이다. 학원을 그만뒀다고 해서 학부모가 공부내용을 하나하나 자세하게 터치해주지 않아도 된다. 그저 습관으로 자리 잡을 수 있도록 도와주는 것으로 충분하다.

3. 과목에 대한 지식을 알려줄 필요 없다고 했지만, 목차를 외우는 습관을 잡아주는 건 중요하다. 개념을 자세하게 공부하기 전에 상위개념과 하위개념을 구분하는 훈련부터 시켜주자. 뼈대를 잡는 훈련이 완성될수록 아이의 암기력과 이해력이 2배, 3배로 좋아지는 게 느껴질 것이다.

04

제대로 된
선행학습이
쌓여가는 과정

이럴 때 도움이 돼요!

1. 아이가 수학적 감각이 좋은 것 같은데, 열심히 하지 않을 때

2. 아이가 열심히 해보려는데, 거의 처음 공부해보려는 상황이라서 어떻게 시작해야 할

   지 모르겠을 때

3. 아이의 선행학습이 의미 있게 잘 쌓이고 있는 게 맞는지 확인해보고 싶을 때

현재 자녀가 선행학습을 나가고 있는가. 과연 우리 아이의 선행학습은 제대로 진행되고 있는 걸까, 아닌 걸까. 우선 간단하게 확인할 수 있는 방법이 있다. 바로 공부시간, 즉 자습시간이 얼마나 확보되어 있느냐다. 아이의 공부량이 적다는 생각이 드는데 선행학습까지 하고 있다면, 당연히 아이에게 쌓이고 있을 리가 없다. 이번 글에선 처음에 선행학습이 불가능한 상태였던

아이가 점점 기반이 쌓여가면서 선행학습까지 소화하게 된 과정을 보여주려고 한다.

비즈니스 모임에서 알게 된 학부모

한 비즈니스 모임에서 우연히 알게 된 학부모가 있었다. 필자의 이야기를 들은 뒤 바로 조언을 구해왔다. 이 아이와의 첫 만남은 꽤 인상적이었다. 종종 상위권 아이들을 보면 공부에 쫓기는 듯한 느낌이 들 때가 많다. 많이 불안해하고, 좋은 성적을 받지 못하면 큰일이 날 것 같아 하는 경우가 많은 것이다. 그런데 이 아이는 꽤 느긋했다. 그렇다고 공부를 못하는 건 아니었다. 공부 자체를 꽤 흥미로워하는 아이였다. 이런 유형의 아이들은 원석과도 같다. 잘 재련하면 값비싼 보석이 될 수도 있고, 잘못 재련하면 그저 그런 상태가 되어버릴 수도 있다. 아이에게 물어봤다.

"학습 계획 세우는 걸 좋아하는 편이니?"

"음……. 네! 싫진 않아요. 그런데 요즘은 세우지 않고 있어요."

"그렇구나. 학습 계획에 대해선 천천히 얘기해보기로 하고. 다른 궁금한 점들이 있는데 물어봐도 될까?"

"네!"

"지금 다니고 있는 학원이 있어?"

"영어학원 다니고 있어요."

"영어학원 하나? 끝?"

"네!"

"그렇구나. 영어학원은 마음에 들어? 학원에선 뭐 배워?"

"선생님들이 너무 좋아요. 학원에서는 음……. 가면 단어 시험 보고, 그다음에 수업해요."

아이가 다니는 영어학원이 어떻든, 선생님들과의 애착 형성이 꽤 되어 있는 듯했다. 이런 경우엔 학원이 아이 성적향상에 도움이 되든 말든 일단 두는 수밖에 없다. 아이한테 학원을 그만둘 것을 권유하면 오히려 반감만 커질 것이다.

"그렇구나. 그럼 제일 좋아하는 과목은 뭐야? 지금 공부한 흔적들 보니까 수학을 꽤 흥미로워할 것 같은데."

"맞아요. 수학이 제일 괜찮은 것 같아요."

아이가 풀고 있는 교재는 평범한 난이도의 문제집이었다. 풀이 과정들을 유심히 살펴보니, 난이도를 더 높여도 될 것 같았다.

어떻게 더 어려운 문제를 풀어보고 싶게 만들까?

아이에게 기본유형 문제를 하나 만들어서 풀어보게 했다.

"이 문제 한번 풀어볼래?"

무난하게 잘 풀어냈다.

"오~ 그럼 이런 문제는 어때?"

조금 더 난이도를 높여봤다. 아이는 조금 고민하더니 풀이 전략을 잘 잡아냈다. 이번 문제도 잘 풀어냈다. 한 단계 더 난이도를 올렸다. 《××라벨》 Step 2 중에서 꽤 난이도 있는 수준의 문제였다. 이번엔 아이가 쉽게 손을 대지 못했다.

"이건 조금 어려운가 보네? 타이머로 3분 잡아볼 테니까 타이머 울릴 때까진 끝까지 고민해보자."

수학에서 가장 중요한 것 중 하나가 어떻게 풀지 고민하는 것이다. 아이가 어떻게 고민하는지 지켜봤다. 뭔가 끄적이는 것 없이 문제만 뚫어져라 쳐다봤다. 수학 문제를 대하는 태도가 꽤 마음에 들었다. 뭔가 감이 잡혔는지 문제를 풀어나가기 시작했다. 절반 정도 풀었는데 타이머가 울렸다.

"어때, 더 풀어볼래? 아니면 그만 풀래?"

"더 풀어볼래요."

"알았어. 이어서 계속 풀어보자. 이번에도 3분 잡아볼게."

"네!"

1~2분 정도 열심히 풀다가 또 막혀버렸다. 곧 다시 타이머가 울렸다.

"더 풀어볼 거야? 아니면 더 풀어도 진행이 안 될 것 같아?"

"안 풀릴 것 같아요."

"좋아. 이 부분을 풀어나간 방식이 꽤 흥미로웠어. 혹시 이렇게 해볼 생각도 해봤니?"

"아!"

"수학에서 쉬운 문제를 계속해서 푸는 게 좋아? 아니면 방금 푼 문제처럼 어려운 문제들을 충분히 고민하는 게 재밌어?"

"방금 푼 문제들이요!"

공부를 잘해야만 한다는 압박감에 열심히 하는 아이도 있고, 공부 자체에 흥미를 느껴 공부하는 아이도 있다. 앞의 아이는 어디에 속하는 것 같은가. 당연히 후자에 속한다. 이런 아이는 처음부터 정석대로 시키면 역효과가 날 수도 있다. 아이가 하고 싶어 하는 부분 위주로 강화해주는 것도 좋은 방법 가운데 하나다. 아이가 하고 싶어 하는 방향으로 진행하며 공부량을 늘리는 게 중요하다.

"좋아. 그럼 여기 있는 문제들 다 안 풀어도 돼. 유형별로 대표문제들만 쭉 풀어보고, 다음으로는 맨 밑에 있는 문제들만 풀자. 중간에 있는 문제들은 생략하고."

"네!"

《SS수학》이나 《ㅇㅇㅇㅇRPM》 등의 유형서들을 풀 때 모든 문제를 하나하나 전부 풀어나가는 건 비효율적이다. 이미 숙달되어 있고, 시험을 위해 계산력을 끌어올려야 하는 단계라면 그렇게 풀어도 되지만, 처음 공부하는 단원이라면 좋지 않은 전략이다. 유형서들의 문제 구성은 보통 3단계로 되어 있다. 먼저 기본계산 파트다. 그다음으로 필수 유형 파트인데, 이 부분의 비중이 가장 크다. 마지막으로 심화 파트다. 다른 과목도 마찬가지지만, 특히 수학을 가르칠 때 필수 유형 파트를 더 세분화해서 지도할 필요가 있다. 앞의 아이 같은 경우엔 필수 유형 파트 중에서 대표문제와 맨 아래에 있는 가장 어려운 문제만 부분적으로 풀어보게 했다. 수학을 많이 어려워하는 아이라면 기본계산 파트를 두세 번 풀어본 뒤에 필수 유형 파트는 대표문제만 하나하나 꼼꼼하게 분석하게 하는 게 좋다. 아무리 심화 문제를 풀더라도, 기본기가 안 되어 있는 상태에서 풀면 실력은 절대 오르지 않는다. 시간만 낭비되고 있는 것이다.

내가 내준 과제를 아이들이 100% 이행할까?

"국어는 계획대로 하루 한 지문씩 잘 진행했구나. 영어는 학원 일정이 있어서 일단 추가적인 과제는 없었고. 수학은 좀 어땠어?"

"생각보다 많이 못 풀었어요."

예상하고 있던 결과다. 이전까지 이 아이의 공부시간에는 수학만 있었다. 그것도 많이 푸는 건 아니고 하루에 한 시간 정도씩 일주일에 서너 번 푸는 게 아이의 공부시간 전부였다. 필자와 정한 과제는 국어만 하루에 한 시간 정도 해야 끝나는 분량이었다. 그러다 보니 수학까지 전부 진행하기엔 부담이 되었을 것이다.

"괜찮아. 평상시보다 과제량이 훨씬 많았잖아? 100% 다 끝내기는 많이 어려웠을 거야. 사실 국어공부하다가 포기하지는 않을까 걱정이었는데, 아주 잘했네. 국어 지문분석 해보는 건 어땠어?"

"음……. 하긴 했는데 제가 내용을 잘 이해한 건지 모르겠어요."

"오, 그런 기분이 들었다니 아주 훌륭한데? 내용이 이해됐는지 안 됐는지 인지하지 못하는 경우가 대부분이거든. 지금 예비 중2인데 내가 고1 국어지문을 분석해보게 한 거잖아? 내 생각엔 모르는 단어들도 꽤 나오지 않았을까 싶은데, 어휘는 어땠니?"

"맞아요. 모르는 단어들도 있었어요."

"모르는 단어 나오면 전부 사전 검색해서 뜻을 찾아봐야 해. 그리고 너무 모르는 어휘가 많고 내용이 어려우면 다른 방법으로 해볼 수도 있어. 이번 주 동안 풀어본 지문 난이도 괜찮아?"

"네!"

개인적으로 필자가 자주 이용하는 국어 비문학 교재는 《××팅 독서》다. 이 교재의 경우 지문마다 제한시간이 잡혀 있다. 주의할 점은 제한시간을 절대 스톱워치로 측정하지 말아야 한다는 것이다. 지문 위에 적혀있는 시간은 단지 그 지문의 난이도를 의미한다고 보면 된다. 예를 들어 6분짜리 지문이 있고, 11분짜리 지문이 있다. 어떤 게 더 어려운 지문일까. 당연히 더 긴 시간인 11분 동안 풀라고 되어 있는 지문이 어려운 지문이다. 처음엔 5~6분의 지문만 진행해보라. 만약 5~6분의 지문을 많이 어려워한다면 중등 비문학 교재를 사서 진행하는 것이 좋다. 아이가 현재 중학생이든, 고등학생이든 마찬가지다. 아무리 고등학생이더라도 고1 수준의 비문학 지문을 분석할 학습능력이 되지 않는다면, 더 낮은 단계부터 쌓아나가야 한다. 급하다고 해서 아이의 학습능력보다 월등히 높은 난이도의 공부를 강요하면 자존감만 떨어지고, 공부를 포기하게 될 뿐이다.

"그래. 그럼 국어는 일주일 동안 이대로 더 진행해보자. 수학은 절반 정도 했네. 첫 공부에서 이 정도 진행한 거면 나쁘지 않아. 그런데 더 잘하고 싶은 마음이 있다면 이번 주 동안 한 것보다 조금 더 해야 하는데, 그렇게 해볼 수 있겠니? 안 될 것 같으면 다시 조정해도 돼."

"아뇨! 이번엔 한번 해볼게요."

"그래 알았어. 그럼 이번에는 한번 100% 다 끝내는 걸 목표로 잡아보자. 생각보다 잘 안 된다는 건 느껴봤지? 더 많이 신경 써줘야 할 거야."

"네!"

아이에게 똑같은 과제를 내줬고, 방학 동안 비슷한 수준의 과제량을 유지했다. 2개월 뒤의 과제 완성도는 100%에 가까워졌다.

첫 중간고사 결과

평상시 국어, 영어, 수학만 해오다가 중간고사 기간이 되면서 역사, 과학까지 추가했다. 과학은 무난하게 잘 공부했지만, 역사를 많이 어려워하는 모습이 보였다.

"역사도 이해하면서 공부하면 돼. 내용을 무작정 외우는 건 시험이 임박했을 때 하면 되고, 지금은 우리가 국어 비문학 지문 분석했던 것처럼 읽고 이해하는 데에 집중해보자. 문제들도 개념 부분 보면서 풀어도 돼."

첫 시험이다 보니 어느 수준으로 공부해야 할지 감을 잡지 못하는 건 당연하다. 역사도 충분히 잘하고 있었지만, 불안한지 필자와 정한 과제 이상으로 더 많은 시간을 투자하고 있었다. 역사에 많은 시간을 투자하는 만큼 다른 과목의 완성도가 떨어졌다. 하지만 이 부분은 필자가 바로 조정해주기는 애매하다. 그냥 한번 겪어보게 하는 것도 괜찮은 방법이다. 오히려 필자가 전부 잡아줘서 아이가 시행착오를 겪지 못하는 게 장기적으로 볼 땐 더 큰 문제가 된다. 그렇게 중간고사가 끝났다.

"결과는 마음에 드니? 예상한 거랑 비슷하게 나왔어?"

"아니요……. 선생님이 왜 역사를 덜 공부해도 된다고 했는지 알 것 같아요."

역사는 100점이 나왔다. 국어는 88점을 받았다. 그런데 본인이 자신 있어 하던 수학은 80점이었고, 영어는 70점대였다. 수학 같은 경우 어려운 문제는 잘 맞혔지만, 계산 실수로 인해 쉬운 문제들을 여러 개 놓쳤다.

"수학에서 기본계산 문제 푸는 게 너무 따분하지? 사실 나도 학생 때 그랬어. 수학에서 어려운 문제를 잘 풀어내는 것도 중요하지만, 최상위권으로 도약하기 위해선 계산 실수를 줄이는 게 중요해. 그래서 기본 문제들도 계속해서 풀어야 해. 다음 시험에서는 수학에서 좀 더 시간 투자를 해서 쉬운 문제들도 충분히 풀어보자."

"네!"

수학 시험에서 계산 실수로 틀리는 경우가 참 많을 것이다. 계산 실수로 틀리는 버릇은 고치지 않으면 고등학교에 가서도 마찬가지고, 최종적으로 수능에서도 계산 실수를 한다. 수능 수학에서 2등급을 받는 학생들을 관찰해보면, 대부분이 너무 아쉬운 경우가 많다. 최고 난이도 문제를 풀지 못해서 꼭 2등급인 건 아니다. 가장 어려운 문제는 잘 풀었는데, 비교적 쉽게 풀 수 있는 문제에서 실수하는 바람에 2등급으로 밀려나는 아이들이 많다. 기본기가 갖춰졌다면 문제를 많이 풀어봐야 한다. 특히 고난도 문제만 푸는 게 아니라 손쉽게 풀 수 있는 문제들도 많이 풀어야 한다. 쉬운 문제를 풀며 따분함도 느끼고, 기계적으로 계속해서 풀다 보면 계산 실수를 하는 경우가 나온다. 이때 '아 뭐야, 그냥 계산 실수한 거네.' 하고 넘어가면 영원히 똑같은 패턴으로 계산 실수를 할 것이다. 본인이 왜 계산 실수를 했는지, 그 문제를 풀 당시에 어떤 기분이었는지를 피드백해야 한다. 방심했을 때 계산 실수를 한다. 본인이 어떨 때 방심하는지를 끊임없이 관찰해야 한다. 그래야만 점수의 기복을 메울 수 있다.

"그리고 역사는 생각한 것보다 싱겁게 나왔지?"

"네. 혹시나 해서 외워둔 부분들은 하나도 안 나오더라고요. 다음 시험에선 역사 공부를 줄여봐야 할 것 같아요."

최상위권의 성적은 아니었지만, 중간고사 결과가 아이에게 긍정적인 자극을 준 것 같았다. 공부에 대한 흥미는 원래부터 있었고, 이번 시험으로 인해 열심히 준비해보고 싶은 마음이 더욱 커진 것 같았다. 이제 기말고사뿐 아니라, 방학 때 선행학습, 현행학습 전략을 어떻게 설계할지 더 중요해진 것이다.

기말고사 이후, 제대로 된 선행학습 전략

아이의 기말고사 성적은 당연히 향상됐다. 영어가 85점이었고, 나머지 과목은 90~100점이었다.

"이제 성적이 꽤 잘 나왔는데? 그 정도면 반에서 5등 안에 들었겠다!"

"맞아요! 반에서 3등 했어요."

"더 잘하고 싶지?"

"네!"

"친구 중에 선행학습하는 친구들 많지 않아?"

"맞아요. 벌써 고2 거 푸는 애들도 있어요."

"그렇구나. 그런 친구들 보면 조금 불안한 마음도 드니?"

"네……."

"선행학습 해보고 싶니? 특히 수학."

"네……. 그런데 가능할까요?"

"사실 지금 상태에서 선행학습하는 건 의미가 없지."

"……."

"단계가 있거든. 일단 이번 주는 선행 없이 과제를 내 볼 거야. 제대로 된 선행학습을 하려면 지금 내주는 분량에서 하루 공부량이 최소 2시간 더 늘어난다고 생각해야 해."

많은 아이가 선행학습을 나가고 있지만, 그 아이 중 95% 이상은 허영심만 채워지고 있을 뿐이다. 실력은 쌓이지 않고 모래성처럼 사라져버린다. 학원의 상술로 중학교 과정 동안엔 고등 선행의 완성도 상태를 교묘하게 속일 수 있다. 고등학교에 올라가 첫 모의고사를 보고 나서야 잘못된 선행학습을 하고 있었다는 사실을 알게 된다. 선행학습은 필수가 아니라 추가적인 공부라는 사실을 항상 명심해야 한다. 가장 중요한 건 현행학습이다. 현행학습이 확실하게 돼야 그 위에 선행학습을 얹을 수 있다. 그런데 현행학습의 기준은 뭘까. 어디까지가 현행학습이고, 어떻게 해야 현행학습을 제대로 한 걸까?

아이에게 어떤 공부를 시켜야 할지 몰라 학원, 과외만 덕지덕지 붙여놓은 경우가 많다. 꼭 해야 하는 공부가 무엇인지 기준을 잡을 필요가 있다. 먼저 국어에서는 비문학 지문분석을 하라. 국어공부의 첫 번째 스텝은 비문학 지문분석이다. 서점에 가면 학년별, 수준별로 비문학 교재들이 준비되어 있다. 그럼 수학에선 무엇을 해야 할까. 일단 현행학습부터 해야 한다. 아무리 빠르게 선행학습을 하더라도 깊이가 없다면 아무 소용 없다. 개념을 정확하게 이해하고 설명할 수 있어야 하며, 계산력과 필수 유형 문제들에 능숙해져야 한다. '방정식이 뭐야?'라는 질문에 정확하게 답하는 아이들이 생각보다 많지 않다. 건물을 지을 때 기초 공사가 허술하게 된다면 많이 쌓아봐야 무너질 뿐이다. 다음으로 영어다. 영어는 모든 기본기가 갖춰지고 나면 결국엔 어휘력 싸움이다. 하지만 그렇다고 해서 단어만 외우게 해선 안 된다. 정확한 문장해석 능력을 기르는 데에도 집중해야 한다. 문장 해석력을 기르는 과정에서 필수 영문법, 어휘 공부의 80% 이상이 자동으로 된다. 보통 한 문장을 읽을 때마다 모르는 어휘가 1~3개 정도 나온다. 하루 15문장씩만 해석해봐도 30개 이상의 단어가 계속해서 학습된다. 그리고 문장해석의 이점이 하나 더 있다.

아이들에게 영어 단어장을 외우게 하면 굉장히 지겨워한다. 엄청난 거부감을 느낀다. 하지만 단어장 대신 영어 문장을 해석하다가 나오는 모르는 단어들은 거부감 없이 공부한다. 아이가 단어 외우는 것을 너무 싫어한다면 영어 문장해석을 통해 자연스레 단어 암기를 시키는 것도 좋은 방법이 될 수 있다.

공부에 대한 욕심을 아이 스스로 느낄 수 있게 하라

아이가 공부를 너무 안 해서 불안한 마음에 억지로 하루에 서너 시간씩 공부를 시키려는 경우가 많다. 당연히 아이는 공부를 하지 않고, 엄마는 계속해서 잔소리를 한다. 관계가 점점 나빠지지만 크게 개선되는 부분은 없다. 왜 우리 아이는 그렇게도 공부를 싫어할까. 어떻게 하면 공부에 흥미를 느끼게 할 수 있을까. 아이의 상황에 따라 다양한 방법들이 있는데, 그 모든 방법의 핵심은 현재 아이의 학습능력으로 아슬아슬하게 정복할 수 있는 수준의 과제를 설계해주는 것이다.

"좋아. 이번엔 지난주 그대로에 영어학원에서 하는 공부까지 확실하게 잡아보자. 이번 일주일이 굉장히 중요할 거야. 이번 과제를 다 하면, 그다음 단계부터 수학 선행학습을 할 거거든."

"네, 좋아요!"

수학 선행학습을 나가겠다는 말에 아이가 굉장히 기뻐했다. 수학 강사 시절 보여주기식 선행학습으로 아이들의 수학이 망가지는 모습을 너무 많이 봐왔다. 특히 충분한 가능성이 있는 아이들까지도 무리한 선행학습 진도에 나가떨어지는 모습을 많이 봤다. 선행학습은 부가적인 옵션이다. 필수가 아니다. '어떤 사람이 미래에 부자가 될지, 그러지 못할지는 그 사람의 오늘을 보라.'는 말이 공부에도 그대로 적용된다. 갑자기 기적이 일어나지는 않는다. 못하던 아이가 갑자기 잘하게 되는 일은 절대로 일어나지 않는다. 한 학기 만에 성적이 급상승하는 아이도 운이 좋았던 게 아니라, 최상위권의 태도와 학습능력이 갖춰졌기 때문에 그에 맞는 성적이 나오는 것뿐이다. 이 아이도 처음엔 공부에 큰 의욕을 보이진 않았다. 예습, 복습하는 습관도 전혀 잡혀 있지 않았다. 틀린 문제를 분석하지도 않았고, 아예 어떻게 분석해야 할지 몰랐기 때문에 하지 못했다. 최상위권이 되기 위해 반드시 갖춰야 하는 습관들을 하나하나 만들어주고, 습관화된 만큼 성적이 나오는 것이다. 그리고 아이가 하나하나 스테이지를 클리어하는 느낌이 들게끔 과제를 설계하는 데에 집중해야 한다. 최대한 공부를 즐길 수 있게 만들어주는 것이다.

"지난 일주일은 어땠어, 할만했니? 한번 보자."

"네, 괜찮았어요. 여기요!"

"오~ 우리가 설계했던 대로 꼼꼼하게 잘했네! 지금 한 거 보니까 공부시간을 더 늘려도 되겠다. 수학 선행학습 해보고 싶지?"

"네!"

"그런데 그러려면 공부시간을 더 늘려야 하는데 가능할까? 이번 주 동안 했던 공부는 그대로 가야 돼. 거기에 3학년 1학기 과정까지 추가하는 거거든. 최소 하루에 한두 시간씩 더 공부해야 해."

"한번 해볼게요!"

이제 이 아이가 공부하는 양은 하루 세 시간 반~네 시간 정도가 되었다. 처음에는 한 시간 정도 공부하는 아이였다는 것을 기억해야 한다. 4개월 사이에 공부량이 서너 배로 늘었고, 성적은 반에서 2~3등을 하게 되었다. 사실 당시 필자의 예상으로는 아이가 스케줄에 수학 선행학습 두 시간을 추가하는 건 무리일 것 같았다. 그럼에도 선행학습을 추가한 이유가 뭘까? 초보 강사 시절엔 현재 아이가 할 수 있을 만큼의 공부만 시켰다. 세 시간 공부하는 아이에게 네다섯 시간 분량을 주면 당연히 못 한다. 그래서 세 시간 분량만 줬다. 그때는 아이가 지금은 해내지 못하더라도, 다음 단계를 맛보고 경험해보게 하는 것이 굉장히 중요하며 아이에게 엄청난 동기부여가 될 수 있다는 사실을 알지 못했던 것이다. 하지만 지금은 이 부분의 중요성을 누구보다 잘 알고 있다.

다만 여기서 하나 헷갈리지 않았으면 하는 점이 있다. 많은 학원에서 수학 선행학습을 나가는 것은 조금 다른 이야기이다. 학원에서 아이의 상태를 제대로 파악하지 못한 채로 진도만 빼는 수업은 책임감 없는 행동이며, 방치일 뿐이다. 당연히 아이의 머리에 쌓이지 않고, 얼마 지나지 않아 좌절감만 느끼게 될 뿐이다. 아이의 수준을 한 단계 더 높이는 것이 아니라, 좌절의 경험만 맛보게 할 뿐이다.

제대로 된 선행학습이 만들어지는 과정

이 아이가 지금까지 이야기한 대로 공부를 계속한다면, 방학이 끝날 때 수학 선행학습은 고1 과정이 진행되어 있을 것이다. 목차 숙지부터 시작해서 개념학습, 공식들에 대한 증명이 가능한 상태가 되어 있을 것이다. 또 기본 문제와 필수 유형 문제까지 풀어낼 수 있는 상태가 될 것이다. 《SS수학》 B스텝에서 난이도 '상' 문제를 제외한 문제까지 완벽하게 소화한 상태가 될 것이다. 아마 《SS수학》의 내용 구조를 아는 학부모라면 방금 한 말에 의아해할 것이다.

"《SS수학》 C스텝도 아니고, B스텝도 다 못 한다고? 난이도 '상'을 빼면 뭐를 한다는 거지?"

《SS수학》 C스텝 난이도 '상' 문제까지 완벽하게 소화하는 아이라면 일반고 기준 1~2등급이 나온다(완벽하게 소화한다는 건 문제를 단순히 암기하는 게 아니라, 그 문제의 원리 자체를 이해하고 풀이 체계를 이해하는 것을 말한다). 이 말을 꼭 믿어야 한다. 아이가 《SS수학》을 다 풀고 《××라벨》, 《××수학》 등 심화 문제집까지 풀었는데도 최상위 성적이 나오지 않는 이유는 학교 시험이 어렵기 때문이 아니다. 문제집을 여러 권 풀긴 했지만, 한 권조차 제대로 소화하지 못했기 때문이다.

현행학습으로도 《SS수학》 B단계의 '하', '중', '상' 문제를 전부 소화하는 학생이 매우 드문데, 중학교 2학년 아이에게 첫 선행학습으로 모든 문제를 완벽하게 숙지시키려는 전략은 생각하지 않는 게 좋다. 앞에서 언급했다시피 시간이 지나서 결국엔 좌절하게 된다. 아이에게 너무 많은 것을 시키려 하지 말자. 핵심 내용을 파악해서 서너 번 반복시키는 것이 중요하다.

국어와 영어는 사실 선행학습이라고 하기에 모호한 부분이 많다. 수학처럼 단계가 명확하지는 않기 때문이다. 그렇다고 해서 무조건 수능 어휘, 수능 독해만 시켜서는 안 된다. 특히 영어가 그렇다. 영어 어휘력을 쌓는 과정에서 중요한 건 수능 어휘가 아니다. 기본 단어장부터 열어서 확인해봐야 한다. 최상위권인 아이도 마찬가지다. 정말로 어휘력이 잘 갖춰져 있다면 기본 단어장은 하루에 500단어 이상 외우는 데 한 시간도 걸리지 않는다. 99% 이상 이미 외워져 있기 때문이다. 반면에 기본 단어장을 보는 데 오래 걸린다면, 시간이 아깝다고 다음 난이도로 넘어가서는 안 된다. 잘 안 쌓여 있는 것이다. 채워야 한다.

그 외에 국어, 영어는 어떻게 공부해야 하는지 다른 챕터에서 다뤘기 때문에 더 자세하게 적진 않겠다. 어떤 과목이 됐든 아이의 학년에 맞춰서 진행하기보단, 아이에게 비어 있는 부분부터 시작해야 한다. 고등학생인데 초등 내용이 비어 있다면, 그 부분을 반드시 채워주어야 한다. 그렇게 하나하나 채우는 공부가 진행될 때 탄탄한 선행학습이 가능해진다.

1. 아이가 공부 감각이 좋다고 해서 바로 이것저것 많이 시키는 건 좋지 않다. 그전에 아이가 흥미로워하는 부분이 어디인지를 아이와 함께 파악해보고, 초반에는 그 부분들을 중심으로 학습 과정을 설계해주는 게 좋다. 나머지 중요한 내용은 아이가 도전하고 싶고, 충분히 정복할 수 있게끔 조절해서 조금씩 채워나가는 게 좋다.

2. 주변 분위기에 휩쓸려 선행학습을 무조건적으로 시키는 건 좋지 않다. 먼저 현행학습부터 아이가 제대로 소화하고 있는지 확인해야 한다. 심화 문제까진 아니더라도 《SS 수학》의 B단계 수준까지는 완벽에 가깝게 잡아야 한다. 그 후에 선행학습을 세팅할 때 효과를 볼 수 있다. 급한 마음에 선행학습 진도만 어떻게든 빼고 있다면, 머지않아 무너지는 아이의 모습이 보일 것이다.

3. 아이에게 주변에서 좋다고 말하는 모든 공부를 다 시키고 있진 않은지 생각해보자. 아이가 공부 일정을 잘 소화하지 못하고 있다면, 지금 당장 수정하자. 비교적 덜 중요한 것들을 최대한 내려놓고, 핵심적인 부분만 반복적으로 공부하도록 설계해야 한다.

STEP 4

학부모들의
다양한 고민

01

수학, 연산도 느리고 실수투성이인데 어떻게 해야 할까요?

"수학 계산 실수……. 어떻게 해야 할까요? 아이가 ××수학 40문제 중 20문제나 틀렸네요. 모르는 문제는 하나도 없었다는데 매번 계산 실수로 틀리니 아이가 너무 답답해하며 우네요. 천천히 풀어도 계속 틀리고 집중도 잘 못하는 것 같고……. 왜 그런지 도저히 모르겠네요. 조언 부탁드립니다."

"수학 계산 실수 줄이는 방법 좀 제발 알려주세요. 틀린 문제 중에 몰라서 틀린 것보다 계산 실수로 틀린 게 훨씬 많아요. 심지어 다시 풀어도 계산 실수해서 또 틀리네요. 해결 방법 좀 알려주세요."

단순히 '계산 실수가 잦다.' 정도로 생각한다면, 계산 실수를 잡기는 불가능하다고 봐야 한다. 앞의 사례 중에서도 계산 실수를 한 이유가 여러 가지일 수 있다.

첫 번째 사례는 '××수학'에서 절반이 틀렸다고 했다. ××수학은 대표적인 수학 심화 교재 중 하나다. 심화 교재 중 절반이 틀렸다는 건 계산력 부족으로 틀렸을 수도 있지만, 개념을 문제에 적용하는 훈련이 제대로 되지 않아서 틀리는 경우가 훨씬 많다. 해설을 보면 당연히 이해가 된다. 해설을 봤더니 '아, 내가 아는 거였네?'라고 생각하는 건 '메타인지 능력'의 부족에서 오는 오류다.

계산 실수의 원인이 뭘까. 일반적으로 '연산 능력 부족'이라고 생각하는 경우가 많을 것이다. 8년 동안 학생들을 지도하며 분석해본 결과, 연산 능력 부족으로 인한 계산 실수는 매우 드물었다. 계산 실수의 원인은 크게 세 가지가 있다. 하나하나 살펴보자.

① 연산 능력 부족

계산 실수의 원인이 순수 연산력 부족인 경우도 있긴 있다. 이런 경우라면 당연히 연산 문제를 많이 풀어주면 해결된다. 보통 수학 교재는 '개념서'와 '유형서' 정도가 있다. 거기에 초등, 중등의 경우는 연산력 위주의 교재들도 있다. 아이가 계산 실수로 많이 틀리는 것 같다면, 연산 교재부터 1~2권 반복시키는 것이 중요하다.

중·고등학생의 경우 연산력이 잘 갖춰졌는지 테스트하고 싶다면, SS수학 A단계 문제(기본계산)를 풀어보면 된다. 10분 안에 풀어내고, 정답률이 100%라면 연산력이 잘 갖춰졌다고 볼 수 있다.

그런데 생각보다 SS수학 A단계가 제대로 되지 않은 상태에서 다음으로 넘어가는 경우가 정말 많다. 'A단계는 기본 문제인데 굳이 내가 풀어야 해?'라고 생각하며 아예 풀지도 않고 넘겨버리기도 한다. 이런 습관을 갖고 있는 학생이라면, 높은 확률도 연산 능력이 부족할 가능성이 크다. 정확하게 기준을 잡아야 한다. 기본계산 문제를 다 맞히는 건 당연한 거다. 중요한 건 10분 안에 풀어서 다 맞췄느냐다. 10분 컷에 정답률 100%여야 한다. 계산 실수조차 나와선 안 된다.

연산 교재를 충분히 풀었고, 연산 파트에선 거의 틀리는 게 없는데도 일반 유형으로 넘어가면 다시 계산 실수가 많아지기도 한다. 이때 '연산이 잘 됐는 줄 알았는데, 다시 연산 문제를 풀어야 하나?'라고 생각하지 않는 게 좋다. 다른 이유가 있다.

② 집중력 부족

계산 실수의 두 번째 이유는 '집중력 부족'이다. a와 b의 값을 구해야 하는 문제가 있다. 보통 a를 구하는 과정, b를 구하는 과정이 복잡했을 것이다. 힘겹게 a와 b를 구하고 나면 '아, 됐다.' 생각하며 방심하는 아이들이 많다. 어려운 부분이 해결됐기 때문에 순간 집중력이 흐트러지는 것이다. 문제에선 ab의 값을 구하라고 했는데, a+b를 해버려서 틀리는 경우가 많다. 그러곤 단순히 '아, 계산 실수로 틀렸다.'고 판단해 버린다.

이 케이스에 해당하는 아이들이 정말 많을 것이다. 과연 이런 경우를 계산 실수로 틀렸다고 봐야 할까, 아니면 다른 상황으로 봐야 할까. 이건 계산 실수가 아니다. 연산 능력 부족으로 인한 실수가 아닌 것이다. 예를 들어 a=6, b=8이었다면 a+b의 값은 14다. 문제를 잘못 읽어서 a+b=14로 푼 것이다.

계산 실수가 아니다. 정확하게 계산한 것이다. 순간적인 방심 등의 이유로 잘 못 봐서 틀린 것이다.

이렇게 얼핏 보기엔 계산 실수로 틀린 것 같지만, 근본적인 원인이 완전히 다른 경우가 있다. 이런 경우들을 정확하게 잡아내고, 어떤 상황에서 주로 실수를 하는지 관찰할 필요가 있다. 그래야 너무 아쉽게 틀리는 상황을 최소화할 수 있다.

항상 계산 실수로 실력만큼의 점수를 못 받던 아이

지도했던 고3이었던 학생이 있는데, 수학을 꽤 잘하는 아이였다. 일반고에서 1등급을 받는 정도였고, 수능에서도 1등급을 받았다. 고1 때부터 가르쳤던 아이인데, 100점을 충분히 받을 실력인데도 항상 90점 초반의 점수를 받아왔다.

"선생님, 계산 실수로 또 틀렸어요."

당시엔 필자도 경험이 부족할 때라서 아이가 연산력이 부족해서 틀린다고 생각하기도 했다. 하지만 기본연산문제를 충분히 풀게 했는데도 나아지지 않았다. 그러던 중 '문제를 읽는 연습'을 더 체계적으로 시켰더니 그 이후로는 90점 후반의 점수를 받았고, 한번 100점을 받기도 했다.

③ 경험 부족

순간 방심해서 틀렸다고 하기에는 조금 모호한 문제들도 있다. 바로 출제자가 계산 실수를 의도하는 문제들이다. 정확히는 계산 실수를 의도한 게 아니라, 개념을 정확히 이해해야 제대로 풀 수 있도록 만드는 것이다. 예를 들어 다음과 같은 문제가 있다고 생각해보자.

> 문제. x에 대한 이차방정식 $x^2 - 4x - 3 = 0$의 두 근의 합을 구하시오.

학생 A는 위의 문제를 보고, '아! 엄청 쉽네. 인수분해 해서 해만 구하면 끝이네!'라고 생각할 수 있다. 하지만 인수분해가 되지 않는다. 당황해서 다시 인수분해를 해보지만 역시 되지 않는다.

반면에 학생 B는 '이 문제는 인수분해가 안 되는 꼴이네. 근의 공식으로 구해봐야겠다.'라고 생각한다. 근의 공식을 이용해 두 근을 구하고, 답을 구해낼 것이다. 또는 두 근의 합, 두 근의 곱 공식을 알고 있다면 훨씬 쉽게 구해낼 수도 있다.

학생 A처럼 출제자가 의도한 바를 이해하지 못하거나 개념을 잊어버려서 풀지 못하는 경우가 있다. 앞의 문제를 보면 어떤가. 어려워 보이는가, 아니면 쉬워 보이는가. 대충 봐도 기본계산문제처럼 생겼다.

학생 A는 해설을 보고 난 뒤에야 "아, 근의 공식! 알고 있던 거네~." 하면서 대충 고친 뒤 맞았다고 동그라미를 친다. 실제로 대부분 학생이 이런 패턴으로 수학을 공부하고 있다. 이런 부분들을 잡아줘야 아이의 계산 실수가 줄

어든다.

마치며

이번 글은 여기까지다. 계산 실수로 틀렸다고 판단하는 상황 중에서 정말 연산 능력 부족으로 틀리는 경우는 10%도 되지 않는다. 당연히 연산 방법이 완전히 체화돼서 술술 풀어낼 수 있는 상태를 먼저 만들어야 한다. 보통 연산 서 2권 이상 풀면 연산력은 어느 정도 완성된다.

그 이후로도 계속 계산 실수가 나온다면, 그 원인은 연산력 부족이 아닐 수 있다. 아이가 문제를 풀다가 방심하는 순간이 언제인지를 스스로 파악해보게 해야 한다. 파악만 한다면 해결하는 건 어렵지 않다.

마지막은 출제자가 실수를 의도하는 문제들이었다. 이 부분은 문제를 많이 풀어보는 수밖에 없다. 수학은 '고민하는 시간'이 정말 중요하지만, 사실 고민만으로는 부족하다. 다양한(심화) 문제들을 풀어보고 경험해봐야 출제자가 주로 어떤 방식으로 실수를 유도하는지 파악할 수 있다.

해당 단원에 대해 1~2권 정도 돌릴 때까진 고민하는 시간을 적게 가져가는 것이 좋다. 3~5분 고민하고, 모르면 해설을 보며 다양한 유형들을 접해보는 게 중요하다. 3회 독부터 고민하는 시간을 점점 늘려주는 게 좋다. 아이마다 적정 고민 시간이 다 다르지만, 많이 고민하더라도 한 번에 15분을 넘기는 건 효율이 많이 떨어진다.

이번 내용을 참고해서 아이의 계산 실수의 원인을 더 정확히 파악해보자. 기본 연산만 계속해서 푼다고 해결될 문제가 아닐 수도 있다. 부족한 부분이 무엇인지 알아보고, 개선해보기 바란다.

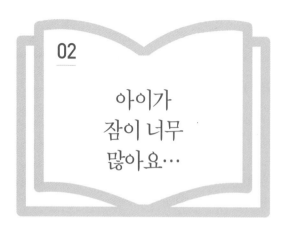

02

아이가 잠이 너무 많아요…

"고1인데 잠이 많아서 공부를 못하겠어요. 평일에는 8시간은 자야 하고, 피로를 풀려면 10시간씩 자야 해요. 이렇게 해서는 공부도 별로 못할 것 같은데 커피는 몸에서 받질 않습니다. 어떻게 해야 할까요?"

"소화가 힘들어서일까요? 아이가 밥만 먹으면 잡니다. 해결 방법이 있다면 공유해주세요."

잠에 대해 고민이 많은가. 학생 중 절반 이상이 '잠을 줄여야 하나?'라는 고민을 하는 것 같다. 학생뿐 아니라, 학부모도 '우리 아이만 너무 많이 자는 것 같아 걱정'인 경우가 많다. 이번 파트에선 학생들을 지도하며 가장 효과적이었던 잠 줄이기 전략을 소개할 것이다.

혹시 기면증인가?

잠이 너무 많아서 이것저것 찾아보다 보면 '기면증'이라는 키워드가 눈에 띌 것이다. 그리고 기면증 증상을 자세하게 살펴보면 본인의 상황과 비슷하게 느껴지기도 한다. 하지만 이비인후과 전문의인 이철희 원장은 "실제로 진료하다 보면, 졸린다고 오시는 분 중에서 그냥 수면시간이 부족한 경우가 대부분이다."라고 말한다.

하루에 네 시간만 자라?

"매번 말씀드리지만, 억지로 하루 네 시간씩 자는 사람은 나이 들어서 아픕니다."

수많은 의사가 입을 모아 하는 말이다.

성공하기 위해선 하루에 네 시간만 자라고 말하는 사람들이 있다. '4당5락'이란 말도 있다. 4시간 자면 성공하고, 5시간 자면 실패한다는 말이다. 필자는 이 말에 동의하지 않는다. 실제로 고등학교 2학년 시절, 하루 네 시간만 자며 10개월을 보낸 사람으로서 절대로 추천하고 싶지 않다. 집중이 되지 않아 멍하게 보내는 시간이 많았고, 스트레스성 장염을 안고 살았다. 하루에 3회 이상 화장실을 갔으며 시험 당일엔 항상 최악의 컨디션이었다.

졸지 않으려고 서서 공부하고, 입에 물을 머금은 채로 공부해보기도 했다. 하지만 그렇게 애를 썼는데도 나도 모르게 조는 시간이 많았다. 이러다간 진짜로 죽을 것 같다는 느낌이 강하게 들어 결국 고3 동안엔 하루 여섯 시간씩 잤다.

수면에 대한 연구결과

그런데 실제로 하루 서너 시간만 자도 최고의 컨디션을 유지할 수 있는 사람들이 있다고 한다. 나폴레옹, 마거릿 대처, 정주영 회장 등 평생을 하루 네 시간만 자며 살았던 사람들도 있다.

미국 샌프란시스코 캘리포니아 대학의 연구에 의하면, 하루 3~5시간만 자도 일상생활에 전혀 문제가 없는 사람들의 공통점이 발견됐다고 한다. 바로 '유전자 변이'다. 인간에게는 'DEC2'라는 유전자가 있는데, 이 유전자가 변형되면 오랜 시간의 수면이 필요 없다고 한다. 전 세계 1% 미만이 이 변형된 유전자를 가지고 있다고 한다.

그래도 잠을 줄여야 한다면?

99% 이상의 사람들이 일반적인 유전자를 갖고 있다. 필자도 이에 해당하

는데, 이런 경우의 사람들에게 권장되는 하루 평균 수면량은 7~8시간 정도다. 중·고등학생의 경우 한 시간 정도 더 자야 한다고 한다.

"그래도 저는 공부시간이 너무 부족해서 잠을 줄여야 하는데요."

잠을 줄이려는 학생들을 보면, 보통 두 부류로 나뉜다. 첫째는 유튜브 등 오락거리에 시간을 많이 허비하는 경우다. 이런 경우는 잠을 줄일 게 아니라, 유튜브나 게임 등의 시간을 줄일 수 있도록 도와주어야 한다. 핸드폰과 컴퓨터 하는 시간을 줄이면 하루 7~8시간씩 충분히 자더라도 공부량이 절대 부족하지 않을 것이다. 잠을 줄이지 말고 온 가족이 함께 핸드폰, 컴퓨터를 사용하지 않는 환경을 조성하는 게 중요하다. 부모가 솔선수범을 보이지 못한다면, 아이도 절대로 변하지 않을 것이다.

둘째는 정말로 공부시간이 부족해서 잠을 줄이려는 경우다. 고등학교 시절에 필자가 여기에 해당했었고, 아이들을 지도하다 보면 종종 과거의 필자와 비슷한 케이스가 보인다. 이런 아이들은 공부에 대한 간절함이나 성실함이 충분한 상태다. 이런 경우라면 잠을 줄여도 될까. 절대 그렇지 않다. 그럼 어떻게 해야 할까.

부족한 잠의 두 배만큼 시간이 낭비된다

잠을 줄이면 결국 깨어있는 시간에 온전히 집중할 수 없게 된다. 악순환의 반복이다. 대략 부족한 잠의 두 배만큼의 시간이 낭비된다는 사실을 명심하

라. 예를 들어 하루에 8시간을 자야 하는데 5시간만 잤다고 해보자. 부족한 수면시간은 얼마인가. 8-5=3시간이다. 그러면 3시간의 2배인 6시간 정도의 시간을 졸거나 멍하게 있는 상태로 보내게 될 것이다. 학교 수업에 집중하지 못해 꼼꼼한 내신준비가 어려워진다. 종일 피곤한 상태로 있느라 공부에 집중하지 못하는 건 덤이다.

그러면 어떻게 부족한 공부시간을 메워야 할까. 효율적인 공부방법을 찾아야 한다. 휴일 기준 하루 10시간 이상 공부하는데 최상위 성적이 나오지 않는다면 공부방법이 효율적이지 못한 것이다. 과목별 핵심능력을 정확히 파악하지 못해 불필요한 공부가 많이 포함되어 있을 것이다. 잠을 줄일 게 아니라, 효율적인 공부방법을 익히는 데에 시간을 투자해야 한다.

"공부할 시간도 없는데 어떻게 다른 데에 시간을 투자해요?"

효율적인 공부방법을 찾지 못한다면 최상위권으로 도약하는 건 불가능하다고 봐야 한다. 공부량은 많은데 성적이 정체되어있는 아이들의 특징이 있다. 내신 등급에 비해 모의고사 등급이 낮을 것이다. 이런 상태라면 '암기식의 공부'를 꾸역꾸역 하고 있는 상태일 것이다. 과거의 필자가 그랬던 것처럼.

최소 수면시간을 찾아라

그렇다고 잠을 10시간씩 잔다면 확실히 공부시간 자체가 확보되지 않을 것이다. 무작정 많이 자야 하는 건 아니다. 나에게 맞는 최소 수면시간을 파악해야 한다.

한 아이를 예로 들어보자. 7시간을 잤다. 7시간을 잤더니 낮잠을 전혀 자지 않았음에도 하루종일 쌩쌩한 상태였다고 하자. 그래서 1시간을 더 줄였다. 6시간을 잤는데도 쌩쌩해서 1시간을 더 줄였다. 그렇게 5시간을 잤더니 조는 시간이 많아지고, 컨디션이 좋지 않았다. 그러면 이 아이의 최소 수면시간은 대략 6시간인 것이다.

최소 수면시간을 파악할 때 유의해야 할 점이 두 가지 있다. 첫째는 주말에 몰아서 자선 안 된다는 점이다. 주말까지 포함해서 주 7일 모두 6시간씩 잤는데도 컨디션이 좋아야 한다. 부족한 잠을 주말에 몰아서 자는 경우가 많은데, 수면장애를 유발하는 최악의 습관이다. 특히 주말이라고 밤새 유튜브를 보거나 게임을 하지 마라. 주 7일, 더 나아가 1년 365일 일정한 수면 패턴을 유지하려고 노력하라. 둘째는 취침시간, 기상시간을 일정하게 유지하는 것이다.

취침시간, 기상시간을 일정하게 유지하라

최소 수면시간은 대부분이 6~7시간 사이일 것이다. 하나 더 주의해야 할 점이 있다. 최소 수면시간이 6시간이라고 해서 어떨 때 12시에 자서 6시에 일어나고, 또 어떨 땐 새벽 3시에 자서 9시에 일어나란 게 아니다. 취침시각과 기상시각을 일정하게 유지해야 한다. 방학이든, 학기 중이든, 온라인 수업을 하든 항상 취침시간, 기상시간을 유지하라. 주말도 마찬가지다. 그러기 위해선 저녁 9시 이후에 핸드폰을 사용하지 않는 건 필수일 것이다.

최소 수면시간을 파악하고, 취침시간과 기상시간을 일정하게 유지한다면 최상의 컨디션으로 공부할 수 있을 것이다. 필자는 항상 밤 11~12시 정도에 잔다. 기상시간은 7시다. 잠을 줄일 생각을 하지 말고, 어떻게 하면 깨어있는 시간을 더 효율적으로 사용할 수 있을지를 고민하며 살고 있다.

'그런데 학생이 학원 숙제까지 해야 하는데, 선생님처럼 밤 11~12시에 자는 건 불가능해요.'

이런 생각이 들기도 할 것이다. 충분히 가능하다. 필자의 수업을 1회라도 들어보면 '하지 말아야 할 공부'를 굉장히 많이 하고 있었다는 사실을 알게 될 것이다. 전화상담이라도 받아봤으면 좋겠다. 필요한 학원만 남기고 불필요한 것들을 전부 제거하면 수면시간은 물론 공부시간까지 이전보다 훨씬 많이 확보된다. 성적이 떨어질 수가 없다.

마치며

사실 필자도 20대 후반까지만 해도 항상 잠을 줄이려고 노력했다. 그렇게 하루 4~5시간씩 자다 보면 항상 2~3개월 뒤엔 몸에 과부하가 왔다. 과부하가 오면 1~2개월은 무기력한 상태로 지내야만 했고, 회복되면 다시 4~5시간 취침을 되풀이했다. 이런 나 자신을 보며 자책할 때가 많았다.

'4~5시간 수면시간을 유지할 의지가 없어서 성공하지 못하는 건가?'

이런 고민이 정말 수없이 들었던 적도 있다. 하지만 원인은 그게 아니었다. 시간을 어떻게 효율적으로 활용할지 고민하는 데에 게을렀던 것이다. 내가 가려고 하는 길을 이미 지나간 경험이 있는 멘토를 찾고 직접 만날 용기가 없던 것뿐이었다. 이번 내용을 통해 효율적으로 공부하는 데 많은 도움이 되길 바란다.

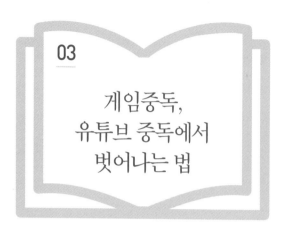

03

게임중독,
유튜브 중독에서
벗어나는 법

"중2 남자아이, 잔소리해야만 1시에 취침합니다. 그것도 음악을 들으면서요. 화장실 가면 보통 30분 이상씩 있다가 나오는데 너무 속이 터집니다. 핸드폰 들고 화장실 들어가지 말라고 매일 얘기하는데 전혀 통하지 않아요. 아이가 온종일 핸드폰, 유튜브만 보는데 이유를 모르겠네요."

"아이가 한번 집중하면 잘하는 편이긴 합니다. 하지만 집에서는 게임 외에는 아무것도 하질 않아요. 책상 위에 앉아서 공부, 독서를 전혀 하질 못하네요. 이제 곧 고등학교 1학년인데 어찌해야 할지 고민이 많습니다."

옛날엔 게임중독이 문제였지만, 요즘은 핸드폰 중독이 그 자리를 차지하고 있다. 특히 유튜브 중독이 매우 심하다. 이번 글에선 대부분 학생에게 해당하는 게임, 유튜브 중독 원인과 그에 대한 해결책을 제시해줄 것이다.

유튜브에 중독된 아이?

지도했던 학생 중 공부를 새벽 2~3시까지 한다는 아이가 있었다. 하지만 성적은 그렇게 좋지 않았다. 실상은 밤늦게까지 공부한다기보단, 그저 밤늦게까지 깨어있기만 한 상태였을 뿐이었다. 예를 들어 학교가 끝나고 오후 5시부터 10시까지는 학원에 다녀오거나 놀면서 시간을 보낸다. 밤 10시에 드라마를 보고, 11시 정도가 돼서 책상에 앉는다. 공부가 너무 하기 싫다. 책상 정리를 한다. 책상 정리가 끝나고 공부를 시작하려고 하는데, 갑자기 유튜브 생각이 난다.

'이 영상 하나만 보고 시작해야지.'

라고 생각했지만, 유튜브 알고리즘에 계속 허우적거리다가 시간을 보니 벌써 새벽 1시~2시다. 그제야 공부를 시작한다. 1시간도 되지 않아서 졸음이 쏟아진다.

'이 정도면 됐어. 오늘은 너무 늦었으니 그냥 자야겠다……. 내일은 제대로 공부해야지.'

이런 다짐의 반복인 것이다. 아마 이 아이뿐 아니라 많은 학생이 이와 같은 패턴으로 살고 있는 경우가 많을 것이다. 또 이런 아이의 모습을 보는 부모의 마음은 정말 답답할 것이다.

유튜브 중독이 아니라 '도피'

유튜브나 게임 등에는 분명 중독적인 요소들이 많다. 하지만 더 본질적인 부분을 살펴볼 필요가 있다. 얼핏 보기에 중독으로 보일 수도 있지만, 그게 아닐 수도 있다.

"시험 기간엔 청소하는 것도 너무 재밌어요. 공부 빼곤 진짜 다 재밌는 것 같아요. 숨 쉬는 것도 재밌어요."

이와 같은 말을 하는 아이들이 많은데, 당신도 이와 비슷한 경험을 해보지 않았는가. 학생 시절, 시험이 임박해서 어쩔 수 없이 공부해야만 할 때가 되면 그렇게 하기 싫은 청소, 설거지 등이 너무 하고 싶다. 정확히는 우리의 무의식이 공부에 대한 회피로 청소나 빨래, 설거지 등을 선택하는 것이다. 공부를 하지 않을 수밖에 없는 명분을 만드는 것이다. 이런 경우, 단순히 게임이나 유튜브에 중독됐다고 보기보단 공부(해야 할 것)에 대한 '도피'라고 보는게 맞다.

중독과 도피를 구분하는 방법

그러면 핸드폰만 주야장천 쳐다보고 있는 우리 아이가 유튜브나 게임에 중독된 상태인지, 아니면 공부로부터의 도피인지 어떻게 구분할 수 있을까.

만약 아이가 유튜브 중독이라면 유튜브를 하지 못하게 하면 된다. 그런데 유튜브를 못 하게 했더니 컴퓨터 게임을 하고, 게임도 못 하게 했더니 TV, 만화책을 보는 등 '중독'이 다른 데로 계속 이동하는 현상을 보인다면, 이는 '도피 현상'이라고 봐야 한다. 벗어나고 싶은 무언가가 있는 것이다. 대부분 아이에게 회피하고 싶은 것은 '공부'일 것이다. 특히 공부 등 본인이 하고자 하는 게 뜻대로 되지 않을 때 이런 현상이 나타난다.

직면한 문제를 반드시 해결해야 한다

현재 직면해 있는 문제가 해결되지 않는 한 아무리 즐거운 행위(유튜브나 게임 등)를 하더라도 근본적인 스트레스는 해결되지 않을 것이다.

"저도 근본적인 문제가 무엇인지 알고, 해결해야 한다는 사실은 알고 있습니다. 하지만 그게 너무 싫은데 어떻게 하죠?"

다들 이런 생각이 들 것이다. 대부분이 스트레스의 원인이 무엇인지 알고 있고, 본인이 무엇으로부터 도피하고 있는지 알고 있다는 것이다. 중요한 건 '어떻게 본인이 직면한 문제에 정면으로 맞설 것인가.'일 것이다.

'내가 해야 할 일이 왜 뜻대로 되지 않을까?'

'왜 열심히 공부했는데도 안 될까? 재능 문제인가?'

이런 고민이 들 수도 있다. 하지만 이런 고민 대부분은 '구체화'가 덜 됐기 때문에 나오는 경우가 많다. 많은 아이를 직·간접적으로 분석해본 결과, 공부방법이 잘못됐기 때문에 투자한 시간만큼 성적이 나오지 않을 때가 많았다.

공부시간을 확보하는 건 본인의 의지만 있다면 충분히 가능하다. 하지만 효율적인 공부방법은 혼자서 찾아내기에 많이 어려울 수도 있다. 이런 이유로 여러 학원을 알아보고, 좋은 선생님들을 찾고 있는 게 아닌가.

중독은 중독으로 해결해야 한다

인간이라면 예외 없이 갖고 있는 특성이 있다. 바로 어딘가에 계속해서 '집중하고 몰입'하려는 성향이다. 유튜브에 중독됐다는 건 '유튜브에 몰입'되어 있는 상태인 것이다. 게임중독도 마찬가지다. 게임에 강렬하게 몰입된 상태다. 이런 인간의 '몰입'하려는 특성을 이해한다면, 생각보다 원하는 쪽으로 아이를 유도하는 게 훨씬 수월해진다.

다음은 한 초등학생 학부모와의 상담 내용의 일부다.

"아이가 독서를 하면 좋겠는데, 책 읽기를 너무 싫어합니다. 어떻게 해야 할까요?"

"혹시 아이가 책을 읽게 하려고 어떤 시도들을 해보셨나요?"

"음……. 독후감을 쓰게 해보기도 했고요, 용돈을 주기도 해봤어요."

"식사하기 10~15분 전에 미리 와서 앉게 해보시고요. 식탁에 아이가 편하게 읽을 것들을 준비해보세요. 물론 핸드폰이나 TV 등이 아이 눈에 보이지 않게끔 해주시고요."

아이가 몰입할 게 '책'밖에 없는 상황을 만들면 어딘가에 몰입하려는 인간의 특성상 결국 책이라도 읽을 수밖에 없다. 유튜브, 게임 등은 강렬하게 사람을 몰입시키는 수단이다. 하지만 이것들을 할 수 없는 상황을 만든다면 어떻게 될까. 다른 긍정적인 것들에도 충분히 몰입할 수 있도록 유도할 수도 있다.

"엄마 너무 심심해……."

"그러니? 그럼 그냥 멍하게 있어도 돼. 핸드폰은 안 줄 거야."

이렇게 말하는 아이에게 꼭 핸드폰을 쥐여줄 필요는 없다. 그냥 따분한 기분을 느끼게 내버려 둬보는 것도 좋다. 그러면 아이는 멍하게 있을 수도 있고, 잠을 자기도 할 것이다. 그러다 결국 '책이라도 읽어볼까?'라는 생각을 하게 된다. 실제로 많은 학부모가 효과를 본 방법이니, 한번 참고해보기 바란다.

중독은 또 다른 중독으로 해결하는 수밖에 없다. 중독이 꼭 나쁜 건 아니다. 비생산적인 것들에 빠지는 게 문제지, 인간은 어딘가에 중독될 수밖에 없다. 게임에 중독되는 사람도 있고, 일에 중독되는 사람도 있다. 긍정적인 거에 몰입할 수 있는 환경을 만드는 데에 집중해보자.

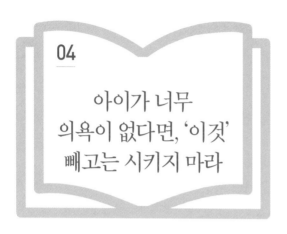

04

아이가 너무 의욕이 없다면, '이것' 빼고는 시키지 마라

"아이가 이제 중3 올라갑니다. 지금 시기가 제일 중요할 텐데 공부 의욕이 너무 없네요. 방학이 시작하고 첫 주에는 의욕이 넘치더니 지금은 또 놀기만 해요. 학원에서 내주는 숙제조차 제대로 하질 않습니다. 집에서 계속 누워있기만 하고 공부를 안 하는데 뭐가 문제일까요?"

"아이가 공부에 너무 집중을 못 하네요. 공부할 때는 공부에만 집중해야 하는데, 10분 이상을 앉아 있질 못해요. 숙제도 금방 끝낼 수 있는 걸 너무 오래 끌기도 하고요. 혹시 ADHD일까요?"

많은 학부모가 의욕 없는 아이 때문에 골치가 아플 것이다. 아무리 잔소리를 해도 아이는 꿈쩍도 하지 않는다. 이런 아이가 갑자기 드라마틱하게 의욕이 샘솟고, 미친 듯이 공부하길 바라며 이 학원 저 학원 옮겨보기도 했을 것이다.

학원을 옮긴 초반에는 조금 열심히 하는 듯하다가 결국엔 다시 원래대로 돌아가지 않는가. 이런 아이를 보며 많은 학부모가 필자에게 상담 요청을 한다. 사실 필자한테 배운다고 해서 아이들이 완전히 180도 변하는 것은 아니다. 물론 큰 변화가 생길 때도 있지만, 대부분은 평소보다 약간 더 공부하는 정도다. 그런데도 어떻게 필자의 수업을 듣는 아이들이 다니던 학원을 전부 그만두고도 성적이 오를까. 바로 필요한 공부만 하기 때문이다.

공부 의욕이 없는 아이

한 학부모와의 상담 내용을 살펴보자.

"선생님, 혹시 저희 둘째 아이도 지도해주실 순 없나요? 아이가 6학년인데, 수강대상이 중학생부터잖아요? 혹시 6학년도 가능할까 싶어서……."

"사실 초등학생이든 중학생이든 당연히 지도해드릴 순 있습니다. 그런데 초등학생의 경우 굳이 저한테 비싼 금액을 내면서 배울 필요는 없거든요. 그래서 수강대상에 적어두지 않은 거예요. 둘째 아이는 오늘 ○○이 수업 끝나고 나서 무료로 한번 봐 드릴게요. 그런데 몇 가지 궁금한 점이 있는데 물어봐도 될까요?"

"감사합니다, 선생님. 물어보세요."

"일단 아이가 초등학생이다 보니 아직 시험을 볼 때도 아니잖아요? 공부하고자 하는 마음이 별로 들지 않는 시기일 텐데, ○○는 좀 어떤 편일까요?"

"맞아요. 애도 공부를 그렇게 좋아하진 않아요. 학원 가는 것도 싫어해서 ○○○○에서 인터넷 강의 들으면서 공부하고 있어요. 제대로 듣고 있는지도 잘 모르겠어요."

아이가 공부에 대한 의욕이 너무 없어서 걱정되는 마음에 억지로 학원에 보내고 있는 학부모가 많을 것이다. 하지만 학원에 보낸다고 아이가 공부하는 건 아니다. 성적이 잘 나오는 것도 아니다. 그래서 필자는 오히려 다른 방식으로 접근한다. 이번엔 학부모가 아닌 아이와의 대화다.

"○○야, 안녕? 엄마랑 얘기해봤는데, ○○○○에서 인터넷 강의 듣고 있다던데 맞니?"

"네, 맞아요."

"혹시 과목은 뭐뭐 듣고 있어?"

"국어랑 영어랑 수학, 사회, 과학 듣고 있어요."

"그렇구나. 수업은 들을 만해? 다섯 과목 전부 듣고 있으면 시간도 꽤 걸리겠는데?"

"네, 수업은 들을 만한 것 같아요. 하루에 세 시간 정도 공부하고 있어요."

"그렇구나. ○○는 지금처럼 계속 세 시간씩 공부하는 거 괜찮니? 사실 엄마랑 이미 얘기도 했고, ○○가 원한다면 하루에 1시간~1시간 30분만 공부해도 돼. 그런데 실력은 오히려 눈에 띄게 좋아질 거야. 어때? 나랑 새로운 방법으로 한번 공부해보는 건?"

"네! 해보고 싶어요!"

공부시간이 줄어든다는 말에 아이의 눈이 초롱초롱해졌다. 사실 아이가 하루에 세 시간씩 공부한다고 했지만, 실질적으로 공부하고 있는 시간은 없다고 봐야 한다. 그저 강의만 구경하고 있을 뿐이다. 초등학생이라 시험도 보지 않고 내용도 가볍다 보니, 이상하게 공부하더라도 구멍이 확연히 드러나지 않는다. 이런 공부습관이 누적되면 빠르면 중학생 때, 늦으면 고등학생이 됐을 때 문제가 드러나게 된다. 특히 고등학생 때 문제점을 발견하면 공부법을 교정하는 게 여간 힘든 게 아니다.

공부하기 싫어하는 아이라면, 세 가지만 시키자!

아이와의 대화를 이어서 살펴보자.

"이제부터 ○○○○ 온라인 강의는 아예 듣지 않을 거야. 괜찮겠니?"

"네, 좋아요!"

"여기 이 글들 보여? 얘네들을 읽고 문단별로 요약해볼 거야. 정해진 건 없어. 그냥 ○○ 마음대로 편하게 요약해보면 돼. 첫 문단만 내가 시범으로 한 번 보여줄까?"

"네."

공부에 별로 의욕이 없는 아이라면, 너무 많은 걸 시키지 마라. 가장 핵심이 되는 것들만 시켜야 한다. 여러 번 얘기했지만, 가장 중요한 건 '문해력'이다. 문해력 향상을 위해선 '비문학 지문분석'을 훈련하는 게 가장 효과적이라고 했다. 아이가 공부를 너무 싫어한다면, 비문학 지문분석 훈련만 시키면 된다. 많이 할 필요도 없다. 하루에 1지문씩만 해도 좋다. 그리고 중요한 게 두 개 더 있다. 뭘까? 계속해서 대화를 살펴보자.

"좋아. 지문 분석하는 거, 생각보다 재밌나 본데?"

"네! 할 만해요."

"좋아. 이제부터 매일매일 하루에 1개씩만 이렇게 문단별로 요약해보고, 문제까지 풀어보면 돼. 할 만하지? 그리고 중요한 게 또 있어. 그게 뭘까?"

"음, 잘 모르겠어요. 수학?"

"맞아! 수학이야. 수학은 학년별로 계속 연계되거든. 초등수학을 빈틈없이 잘 잡아야 중학교 수학이 가능해. 마찬가지로 중학교 수학이 잘 돼야 어떻겠니? 뭐가 잘 되겠니?"

"고등학교 수학이요!"

"맞아. 그래서 수학 공부도 꾸준하게 할 거야. 그리고 마지막이 영어야. 영어 문법 공부 해봤니?"

"네……. 문법 싫어요."

"문법이 많이 어려웠나 보다. 괜찮아. 영어에서 제일 중요한 건 문법이 아니거든."

"정말요?"

"그럼. 영어에선 일단 '단어'만 꾸준히 외우면 돼. 문법은 생각보다 천천히 공부해도 돼. 문장의 5형식 정도만 알고 있으면 충분해. 중요한 건 단어야. 알겠지? 단어도 꼭 어려운 것들을 외워야 하는 것도 아니야. 쉬운 단어부터 차근차근 공부할 거야."

"네!"

"그래서 우리는 국어 지문분석이랑 수학 공부, 영어 단어만 공부할 거야. 다른 건 신경 쓰지 않아도 돼. 천천히 공부해도 되는 것들이거든. 이 세 가지만 확실하게 공부해보자. 알겠지?"

"네!"

아이가 공부에 대한 의지가 강한 게 아니라면 비문학 지문분석 훈련 하나만 확실하게 하자. 지문분석 능력이 갖춰지면 어떤 과목이 됐든 스스로 공부할 수 있는 충분한 역량이 쌓인다. 거기에 수학 공부도 꼭 해줘야 한다. 수학은 학년이 올라갈수록 쌓아 올라가는 구조이기 때문이다. 초등수학이 돼야 중등수학이 가능하고, 중등수학이 돼야 고등수학이 가능해진다. 최소한 '계산 문제'만큼은 확실하게 잡아두어야 한다.

영어에서 학부모들이 가장 많이 걱정하는 부분 중 하나가 '문법'이다. 하지만 이 책을 통해 제대로 된 공부방법을 숙지했다면 문법 공부는 생각보다 어렵지 않고, 그렇게 중요하지 않다는 사실을 알았을 것이다. 특히 중학생 때 배우는 문법과 고등학생 때 배우는 문법은 아무런 차이가 없다. 예문이 조금 더 어려워질 뿐, 새로운 걸 배우는 게 아니다. 즉 문법은 천천히 공부해도 된다. 미리 공부해봐야 까먹는다. 중요한 건 단어다. 단어는 까먹더라도 계속해서 반복해야 한다.

아이가 공부하기로 마음먹는 시기가 온다

'스터디코드'의 조남호 코치는 공부 의욕이 없는 아이에 대한 명쾌한 솔루션을 제시한다. 필자도 조남호 코치의 이 말에 굉장히 공감하는 부분이다. 과연 솔루션은 뭘까. 바로 '기다리는 것'이다. 아이가 공부에 대한 의지가 없다고 조급해하는 학부모들이 많다. 아마 아이에게 이것저것 억지로 시키고 있을 것이다. 그 조급한 마음은 필자도 충분히 이해한다. 하지만 아이가 필요성을 느끼지 않는 한, 아무리 억지로 공부시킨다고 해도 효과가 없다는 걸 이미 알고 있을 것이다. 하지만 너무 걱정하지 않아도 된다. 아이가 공부해야겠다고 마음먹는 시기는 반드시 온다.

그 시기는 보통 학교가 바뀔 때 찾아온다. 종종 초등학생 때 구구단도 못 외우던 아이가 중학교에 올라가더니 전교 1등을 하는 경우가 있다. 이렇듯 초등학생에서 중학생이 될 때, 또는 중학교에서 고등학교로 올라갈 때처럼 학교가 바뀌는 시점을 노려라. 앞에서 제시한 필수적인 세 가지만 확실하게 공부시켜두면, 아이가 공부하기로 마음먹었을 때 어떤 과목이든 어렵지 않게 완성해나갈 수 있을 것이다.

하지만 무엇이 중요한지 아무리 얘기하더라도, 시간이 조금 지나면 잊어버린다. 주변에서 시도 때도 없이 문법 수업, 문학작품 분석 수업, 수학 선행학습을 부추길 것이다. 우리 아이만 안 하는 모습이 걱정돼서 결국엔 다시 하지 말아야 할 공부들 속으로 뛰어드는 모습이 자주 보인다. 그리고 당연히 좋지 않은 결과가 나온다.

가정환경이 너무 좋지 않거나 특수한 상황에 있는 아이가 아닌 이상 '이젠 진짜 공부를 해야 할 때다.'라고 생각하는 순간이 분명히 찾아온다. 책 내용을 주기적으로 살펴보며 우리 아이에게 필요한 공부를 계속해서 상기하길 바란다.

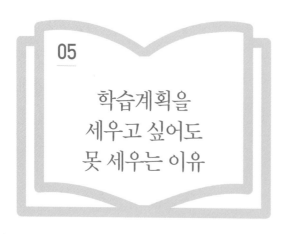

05

학습계획을
세우고 싶어도
못 세우는 이유

"학습계획 세워본 적 있니?"

학생들을 지도하면서 세세하게 관리하는 것 중 하나가 '학습계획'이다. 학생들의 학습계획 설계 수준을 파악하기 위해 앞의 질문을 자주 던진다.

학생과의 대화를 살펴보자.

"○○는 학습계획을 세워본 적이 있니?"

"네, 세워본 적 있어요. 그런데 지금은 안 세우고 있어요."

"그렇구나. 혹시 지금은 왜 학습계획을 세우지 않고 있는지 알려줄 수 있니?"

"음....... 잘 모르겠어요. 그냥 안 세우는 것 같아요."

'굳이 학습계획을 매일매일 세워야 하나?'라고 생각하는 경우가 많다. 필요성을 느끼지 못하는 것이다. 학습계획은 왜 세워야 할까. 세우면 좋을 것 같긴 한데, 구체적으로 어떤 효과가 있을까. 정말 학습계획을 세우면 공부에 도움이 되는 게 맞긴 할까. 차라리 학습계획을 세울 시간에 공부를 한 자 더 하는 게 효과적이진 않을까.

결론부터 말하면 학습계획은 '무조건' 세워야 한다. 정확히는 '세울 수 있어야' 한다. 혹시 다음과 같은 식으로 아이를 구박한 적이 있진 않은가.

"공부계획을 세워야 한다고 그렇~게 말하는 데도 너는 도대체 왜 계획을 세울 생각을 하질 않니? 지금 당장 공부계획 세워서 갖고 와!"

아이에게 무작정 학습계획을 세우라고 한다고 세울 수 있는 건 아니다. 공부 자체를 어떻게 해야 할지 전혀 감을 잡지 못하는 아이들이 생각보다 많다. 과목별로 공부는 어떻게 해야 하고, 어떤 교재들이 있는지, 난이도는 어떻고 공부 순서를 어떻게 해야 하는지 등을 하나하나 알려주어야 한다.

다음 학생과의 대화를 살펴보자.

학원에서 시키는 대로 맹목적으로 따라가는 아이

"안녕? 오늘 컨설팅 전에 엄마랑 잠깐 얘기 나눠봤거든. 이번 중간고사 성적이 조금 마음에 들지 않던 것 같던데, 좀 어때?"

"맞아요. 생각한 것보다 잘 못 본 것 같아요."

"그랬구나. 혹시 다니고 있는 학원은 있어?"

"네. 수학학원 다니고 있어요."

"수학학원만 다니고 있는 거니?"

"네."

"수업은 어떻게 진행돼? 칠판 수업이니? 아니면 1:1식 수업이니?"

"1:1식인 것 같아요."

"그렇구나. 점수는 어느 정도 나왔을까?"

"40점 조금 넘었어요."

컨설팅 당시 아이는 고등학교 2학년이었다. 일반고에 다니고 있었는데 수학 성적이 40점대라면 그래도 가능성이 있다. 완전히 문제를 전부 찍었다는 건 아니기 때문이다. 기초적인 계산 문제, 중등연산이 가능해야 40점 이상의 성적이 나온다. 방향만 잘 잡아주면 70점대까지는 어렵지 않게 끌어올릴 수 있다. 이런 결과가 나오는 이유는 대부분 학원에서 아이에게 맞는 관리를 해주지 못하기 때문이다. 아이 상태가 어떻든 무작정 수준에 맞지 않는 어려운 문제들을 반복적으로 풀게 했을 것이다.

대화를 이어서 살펴보자.

"그랬구나. 그럼 교재는 어떤 걸 풀었니?"

"SS이랑 ×쟁이 풀었어요."

"×쟁이까지 풀었구나. ×쟁이는 Step 1 말고는 엄청 버거웠겠는데?"

"맞아요. Step 1은 할 만했는데 그다음부터는 너무 어려웠어요."

"그렇지 Step 2부턴 엄청 어렵지. 그런데 SS수학에서도 어려운 문제가 꽤 많았을 것 같은데, 맞니?"

"네, 맞아요."

"일단 수학은 내가 관리해줄게. 지금 다니고 있는 학원은 그만두는 게 좋을 것 같아."

아이와 학부모님 모두 다니고 있는 수학학원을 바로 그만두겠다고 했다.

이어서 말했다.

계획을 세우고 싶어도 세우지 못하는 이유

"수학 외에도 사실 궁금한 게 많아. 다른 과목들은 어떻게 공부하고 있어? 한번 하나하나 확인해볼게. 먼저 국어는 어떻게 공부했었니?"

"그냥 교과서만 봤어요."

"따로 교재를 추가로 풀어보진 않았고?"

"네."

"생명과학이랑 지구과학은 어떻게 공부했었어?"

"그것도 교과서랑 노트필기 한 것만 봤었어요."

공부 스타일이 교과서 위주로 하는 아이일 수도 있다. 하지만 어떻게 공부해야 할지, 어떤 문제집을 풀어야 할지 전혀 감을 잡지 못해서 교과서만 끄적였을 가능성이 더 크다. 교과서 위주로 공부하는 건 중요하다. 하지만 그 말이 '교과서만' 공부하라는 건 절대 아니다.

이어서 대화를 살펴보자.

"교과서로만 주로 공부한 것 같네. 교과서 말고 따로 풀고 있는 문제집은 없는 거고?"

"네, 없어요…….."

"혹시 어떻게 공부해야 할지 감이 안 잡혀서 그냥 교과서만 봤던 거니?"

"맞아요…….."

"과목별로 어떻게 공부해야 하는지, 또 교재 선정은 어떻게 하면 좋을지 알려줄까?"

"네!"

이 아이뿐 아니라, 많은 아이가 현재 본인 수준이면 어떤 교재를 풀어야 하는지 감을 잡지 못하는 경우가 많다. 어떤 교재를 풀어야 할지 잘 모르겠다면 다음과 같이 하면 된다.

계속 대화를 살펴보자.

"국어, 사회, 과학 등의 과목을 어떻게 공부해야 할지 모르겠으면, 일단 '자습서'부터 사서 공부해보면 돼. 자습서 개념이랑 문제부터 풀어보면 돼. 가능한 한 학교 진도보다 빠르게 진행하는 게 좋아. 그래야 학교 수업에서 얻어갈 게 많아지거든. 이 부분은 나랑 공부하면서 자연스레 세팅될 거야."

"아! 네!"

"그렇게 자습서를 한 번 돌리고 나면, 다음으로 '평가문제집'을 풀어보는 게 좋아. 평가문제집까지 돌리고도 시간이 남으면 심화 교재도 사서 풀어보면 돼."

어떤 교재부터 풀어야 할지 전혀 감이 안 잡힌다면 '자습서 → 평가문제집 → 심화 교재' 순으로 풀어보면 된다. 개념공부는 어떻게 해야 하며, 문제 풀이는 어떻게, 오답 분석은 어떻게 하는 게 효과적인지 알아보기 전에 일단 '교재 선정'부터 할 수 있어야 한다.

간혹 개념공부를 해야 하는 단계인데, 문제 위주로 있는 교재를 푸는 경우가 있다. 생각보다 많다. 처음엔 개념에 대해 꼼꼼하게 나와 있는 '개념서'를 공부하자. 개념서 중 하나가 바로 '자습서'다. 'ⅹ자', 'ⅹ리드', '개념ⅹ' 등 여러 개념서가 있으니 꼭 자습서, 평가문제집만 고집할 필요는 없다. 하지만 개념서와 심화 교재는 확실하게 구분해야 한다.

사례 하나를 살펴보자.

아, 이게 심화 교재였어요?

고등학교 1학년이었던 이 아이는 나름대로 열심히 공부했는데도 내신 성적이 50~60점 정도밖에 나오지 않았다. 특히 통합과학, 통합사회 성적도 별로 좋지 않았다.

"내가 볼 때 꽤 성실한 것 같은데, 생각보다 점수가 좋지 않네? 통합사회, 통합과학, 역사 교재는 각각 어떤 거로 공부해봤어?"

"둘 다 《S등급 만들기》로 했어요."

"그래? 《S등급 만들기》 말고 다른 교재는 안 풀어봤니? 예를 들면 ⅹ자나 ⅹ리드 같은 개념서들."

"네, 그냥 이 책 하나만 풀었었어요."

"그렇구나. 《S등급 만들기》로 공부하기엔 뭔가 부족한 느낌이 들진 않았어? 개념이 부실하다던가, 문제가 생각보다 어렵다거나."

"맞아요! 딱 그랬어요. 개념이 있긴 한데, 부실한 것 같은 느낌이었어요. 문제는 어려운 건지 쉬운 건지 잘 모르겠고요."

아이에게 '개념서 → 심화 교재' 문제 풀이 순서를 알려주었다. 그리고 이어서 얘기했다.

"《S등급 만들기》는 심화 교재야. 기본개념, 필수 유형 문제들이 충분히 연습된 상태에서 풀도록 만든 책이거든. ○○이는 지금 그 책보단 ×자, ×투, ×리드 같은 개념서부터 공부해보는 게 좋아. 아니면 자습서랑 평가문제집을 풀어봐도 좋고. 어떻게 하고 싶니? 《S등급 만들기》는 잠깐 내려놓고, 개념서부터 공부해봐도 되겠니?"

"네! ×자로 한번 해보고 싶어요."

"그래. 통합과학, 사회, 한국사 전부 ×자로?"

"네!"

교재 선정만 잘해도 10점이 오른다

학부모들이 필자의 블로그에서 자주 질문하는 것 중 하나가 '교재'다. 교재별 특징과 난이도 등에 대한 정보가 부족하기 때문일 것이다. 10~20점은 충분히 더 받을 수 있는 아이인데, 비효율적인 교재 선정으로 본인의 실력과 노력만큼 성적을 받지 못하는 경우가 많다. 교과서만 계속해서 읽는 아이들도 있고, 개념이 쌓이지 않은 상태에서 심화 문제집만 외우는 아이들도 보인다. 이번 내용을 참고해서 아이에게 필요한 교재를 선정해주자.

참고로 '우리 아이가 계획을 세우지 않는 이유'는 크게 두 가지 관점으로 보고 있다. 하나는 지금까지 살펴본 '교재 선정'의 관점이다. 두 번째 관점은 다음 파트에서 살펴보겠다.

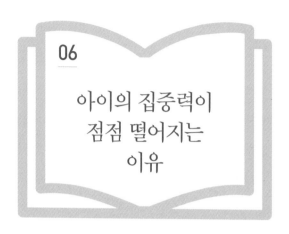

06

아이의 집중력이
점점 떨어지는
이유

아이가 공부계획대로 열심히 공부하고 있는가. 아마 대부분 아닐 것이다. 계획 자체를 세우지 않는 경우도 많을 것이고, 계획을 세웠다 하더라도 목표대로 진행되진 않을 거다. 왜 우리 아이는 계획대로 공부하지 못할까. 여러 이유가 있지만, 많은 아이와 학부모가 잘못하고 있는 방법이 있다.

다음의 계획표를 살펴보자.

06:00 – 기상

~16:00 – 학교 수업

16:00~17:00 – 하교 및 휴식

17:00~20:00 – 수학 공부

> 20:00~23:00 – 영어 공부
>
> 23:00~02:00 – 국어 공부
>
>
> 02:00 – 취침

무엇이 문제일까. 수면시간 부족? 학교에 있는 시간에 대한 디테일함 부족? 아니면 '이 정도면 괜찮은 거 아닌가?'라고 생각할 수도 있다. 위 계획표의 가장 큰 문제는 계획의 기준을 '시간'으로 잡고 있다는 것이다. 이번 파트에서 다룰 내용은 제대로 된 '집중력'이다. 집중력의 개념을 제대로 이해하고 나면, 왜 시간 위주의 계획이 문제가 되는지 알게 될 것이다. 또 어떻게 계획을 세워야 하는지도 알게 될 것이다.

집중력이란?

'집중력이 좋은' 사람 하면 어떤 모습이 떠오르는가. 한 번에 두세 시간씩 공부하는 모습이 연상되지 않을까 싶다. 반은 맞고 반은 틀렸다. 두세 시간 버티는 건 '의지력'의 영역이다. 의지력도 굉장히 중요한 부분이지만, '집중력'과는 구분해서 살펴보려고 한다.

집중력이란 뭘까.

집중력의 정확한 정의는 '어떤 생각을 할지 선택할 수 있는 능력'이다. 이를 이해하기 위해서는 인간의 특성 하나를 명심해야 한다. 바로 인간이라면 한 명의 예외도 없이 모두 '끊임없이 생각한다.'는 점이다. 우리가 인지하지 못하고 있을 뿐, 사람은 끊임없이 생각한다. 심지어 자는 동안에도 계속 생각하고, 멍하게 있는 순간에도 계속 다른 생각에 잠겨있다.

"나도 모르게 또 다른 생각에 잠겨있었네?"

이런 상태를 계속해서 인지하고, 하고자 하는 특정 행위를 '의식적으로' 계속해서 생각해야 한다. 그런 생각이 반복되면 '몰입'의 상태에 들어가게 된다. 예를 들어 공부를 시작할 때 처음엔 집중이 안 되더라도, 1~2분 공부에만 집중하다 보면, 어느새 공부에 빠져들어 있는 경험을 해본 적이 있을 것이다. 바로 이 상태가 '제대로 집중하고 있는 상태'라고 할 수 있다. 즉 공부한 시간의 길이가 중요한 게 아니라, 주어진 시간 동안 '얼마나 몰입했는지'가 핵심이다.

집중력 훈련법

그래서 집중력을 높이려면 무엇이 중요할까. 바로 '명확한 목표'다. 혹시 너무 막연한가. 조금 더 자세하게 살펴보자.

다음 세 가지를 확인해 보겠다.

첫째	제대로 집중하는 경험이란?
둘째	'시간의 함정' 이해
셋째	목표를 명확하게 하는 '절대 법칙'

학생들을 지도하다 보면, '제대로 집중하는 경험'을 해본 적이 없다고 말하기도 한다. 집중력 훈련을 위해선 먼저 제대로 집중하는 경험부터 해봐야 할 것이다. 필자가 말하는 '제대로 집중한다.'는 건 유튜브 등에 빠져드는 것과는 조금 다르다. '목표를 명심'한 상태로 몰입해야 한다. 그렇게 해야 두뇌를 '풀가동'하는 경험을 할 확률이 높아진다.

아이에게 두뇌를 풀가동하는 느낌을 이해시키기 위해서 필자가 주로 사용하는 방식은 '해설 분석'과 '설명하기'다. 해설을 대충 이해한 뒤 맞았다고 표시하고 넘어가는 아이들의 모습을 자주 본다. 이 책에서 여러 번 얘기했지만, 해설 이해는 기본이다. 실력 향상을 위해선 '이해한 뒤'가 훨씬 중요하다. 아이가 해설을 대략 이해하고 나면, 다음의 질문을 꼭 던진다.

"해설 중 가장 중요하다고 생각되는 부분이 어디야?"

그러면 아이는 종종,

"선생님, 이 문제는 중요한 게 한둘이 아닌 것 같은데요?"

이렇게 되묻기도 한다.

"그중에서도 가장 중요하다고 생각되는 것 하나를 표시해봐. 무조건 하나만."

고민하다가 결국 하나를 잡아내고 나면,

"그러면 다음으로 그 문제에 대한 풀이 전략을 한 줄로 요약해봐."

아이는 다섯 번이고 여섯 번이고 해설을 읽고 또 읽다가 결국 요약해낸다. 물론 요약한 한 줄이 문제의 핵심을 잡아내지 못하는 경우도 많다. 완전히 엉터리로 요약하기도 한다. 중요한 건 해설 분석을 잘했냐 못 했냐가 아니다. 해설 분석능력은 차츰차츰 개선된다. 중요한 건 바로 '제대로 집중하고 몰입하는 경험'이 계속해서 쌓이고 있다는 점이다. 어떻게든 한 줄로 요약하기 위해 이리저리 고민해보고 생각하는 것. 이게 바로 '두뇌를 풀가동한다.'는 느낌이다.

시간 계획의 함정

제대로 집중한다는 게 뭔지 알았으니, 이제 '목표를 명확하게' 하는 방법을 알아볼 차례다. 명확한 기준엔 어떤 것들이 있을까. 앞에서 살펴봤던 '시간'도 꽤 명확한 기준이라고 볼 수 있을 것이다. 하지만 문제가 있다. 그게 뭘까. 바로 시간은 우리의 의지와 상관없이 흘러간다는 사실이다.

'아…….. 아직도 두 시간이나 남았네.'

'30분만 더 버티면 돼!'

'벌써 10분밖에 안 남았어? 아직 5문제나 더 남았는데…….'

위와 비슷한 경험을 다들 갖고 있을 것이다. 시간은 집중을 방해하는 요소가 되면 됐지, 도움이 되는 경우는 그렇게 많지 않다. 그런데도 많은 사람이 시간을 기준으로 계획을 세우고 있다. 본인이 나태하거나 의지박약이라서가 아니라 '시간'을 기준으로 계획을 세웠으니 당연히 실패할 수밖에 없던 것이다. 그럼 우린 무엇을 기준으로 계획을 세워야 할까. 바로 양적인 계획을 세우는 것이다. 공부할 과목과 교재, 페이지 수를 확실하게 정하는 것이다. 다음과 같이 말이다.

국어 : 지문분석 3개

수학 : SS수학 pp. 27~34

영어 : 모의고사 26~30번

　　　독해단어 Day15

계획은 절대로 복잡해선 안 된다. 계획을 세우는 궁극적인 목적은 '원하는 것에 계속해서 집중하기 위함'이다. 그러기 위해선 목표가 한눈에 들어와야 할 것이다. 학생들에게 "하루 계획을 세우는 데 3분이 넘어가지 않도록 하라."고 자주 이야기한다. 길게 적은 목표는 뿌듯하기만 할 뿐, 적는 데 오래 걸리기 때문에 2~3일 하다가 흐지부지될 가능성이 크다. 또 눈에 들어오지도 않기 때문에 반복적으로 보지도 않게 된다.

마치며

집중력 향상은 공부뿐 아니라 인생에 있어 가장 핵심 요소이기도 하다. 많은 사람의 고민거리이지만, 막상 어떻게 해야 집중력을 끌어올릴 수 있는지는 잘 나와 있지 않다. 필자를 비롯해 수많은 학생에게 적용해본 결과 목표가 간단하고 명확할수록 집중력이 향상된다는 사실을 알았다. 다시 말하면 지금 뭘 할지 명확하지 않고, 아무거나 하면 금방 집중력이 흐트러지고, 성과도 잘 나오지 않았다.

집중력을 끌어올리기 위해 매일매일 학습계획을 설계해야 한다. 계획을 100% 이행하지 못하더라도 계획을 세운 것 자체로 학습효율이 올라갈 것이다.

07

계획을 미루는 습관,
어떻게
극복할 수 있을까?

공부계획, 또는 인생계획을 세우고 있는가. 혹시 세우고 있다면, 계획대로 잘 진행되는 날이 많은가, 아니면 계획대로 되지 않을 때가 많은가. 필자는 이 부분에 대해 10년을 넘게 고민했던 것 같다. 그리고 지금은 해결된 상태다. 이번 파트에선 계획을 미루는 습관에 대해 살펴보자.

내 의지력은 이 정도밖에 되지 않는 걸까?

'내 의지력은 이것밖에 되지 않는 건가?' 학생 때 자주 하던 생각이다. 무식하게 공부만 했던 필자는 항상 나 자신을 자책했었다. 고등학교 2학년부터 졸업할 때까지 항상 전교 5등 안에 들었지만, 마음은 항상 불안했다. 주말 기준으로 하루 14시간씩 공부했다. 고2 시절 내내 하루 네 시간만 잤다.

씻는 시간, 밥 먹는 시간을 제외하면 하루 동안 활용할 수 있는 시간은 18시간 정도였다. 하지만 제대로 공부하는 시간은 항상 14시간 정도밖에 되지 않았다. 하루 14시간 공부면 정말 열심히 하는 거고 최대치로 하고 있던 거지만, 그 당시에는 몰랐다.

계획을 왜 세울까?

계획을 세우는 이유는 크게 두 가지로 볼 수 있다. 첫째는 바로 '목표를 명확하게 하기 위함'이다. 이전 파트에서 언급했지만, 인간은 끊임없이 생각한다는 특성이 있다. 인간이라면 예외 없이 해당되는 내용이다. 심지어 멍하게 있는 중에도, 잠자는 중에도 우리는 항상 생각한다.

두 번째 이유가 바로 이번 파트에서 말하려는 내용이다. 바로 '더 나은 사람이 되기 위해서'다. 게임이나 유튜브 시청 등 누가 강제로 시키지 않아도 하고 싶은 일들은 대체로 비생산적인 일들이다. 즉 하면 할수록 독이 된다. 장기적으로 볼 때, 하지 않아야 하고 최대한 참아야 하는 것들이다. 반면에 자기계발, 독서, 작문 등의 행위들은 하기에 조금 거부감이 들 것이다(이 활동들도 계속 연구하고 의미를 찾다 보면 재밌다).

우리는 자기 자신을 더 나은 방향으로 통제하고 이끌기 위해 계획을 세운다. 지금 당장은 하기 싫지만, 장기적으로 봤을 때 더 나은 자신이 되기 위해 투자하려는 것이다.

계획은 누구나 미룰 수밖에 없다

계획은 누구나 미루게 될 수밖에 없다. 애초에 하기 싫은 일들이지만, 미래를 위해 꼭 해야만 하는 일이라서 세우고 있는 것이기 때문이다. 사람마다 정도가 다르지만, 모든 날을 계획대로 이행하는 사람들은 없다. 중요한 건 계획을 미루는 자신을 탓하지 말고, 그냥 있는 그대로의 자기 자신을 받아들이는 것이다.

'아……. 더 공부했어야 했는데.'

이런 후회를 하기보단, 분명히 뜻대로 진행되지 않을 거라는 사실을 감안하고 계획을 세우는 훈련을 해야 한다. 하루 공부할 수 있는 시간이 최대 8시간이라면, 5~6시간 동안 공부할 정도의 계획만 세워보자. 꼭 공부하다 보면 집중력이 흐트러지거나 내용이 예상보다 어려울 때가 있다. 일주일 중 5일, 아무리 많아도 6일까지만 세워보자. 나머지 1~2일은 놀기 위해 뺀 게 아니다. 분명 80% 정도밖에 진행되지 않을 거고, 나머지를 1~2일 남겨둔 요일에 끝내버려야 하기 때문이다.

정말 위험한 것

'인간이라면 계획을 미룰 수밖에 없다.'는 사실을 인정했을 때 비로소 제대로 된 계획을 세울 수 있게 된다. 하지만 많은 학생을 지도하면서 느낀 점이 있다. 대부분 본인이 계획을 미룰 거라는 사실을 계속 인정하지 않고, 어떻게든 극복해야 한다고 생각한다. 그럴수록 본인을 점점 더 자책한다.

"선생님, 하지만 이 정도 양은 제대로 공부한다 해도 너무 적어요."

이런 고민도 자주 듣는다.

상황을 정리해보면 다음과 같다.

> **첫째** 일주일 중 5~6일 치의 계획을 세워야 한다.
>
> **둘째** 하지만 그러면 너무 진행되는 속도가 느리다.
>
> **셋째** 일주일 치 계획을 전부 세운다.
>
> **넷째** 계획대로 진행되지 않는다.
>
> **다섯째** 본인을 자책한다.

어떻게 해결할 수 있을까?

어차피 안 되는 걸 계속 물고 늘어져선 안 된다. 자기 자신을 받아들이고 새로운 전략을 모색해야 한다. 주 6일만큼의 계획을 세우되, '어떻게 하면 더 효율적으로 공부할 수 있을까?'에 대한 고민을 끊임없이 해야 한다. 추천해 주고 싶은 한 방법은 '환경을 바꾸는 것'이다. 사람은 끼리끼리 모이게 되어 있다. 주변에 있는 친구들과 있으면, 계속해서 오락거리만 찾게 되거나 전화나 메신저를 계속해서 주고받고 있진 않은가. 정말 변하고 싶은 마음은 큰데 통제가 되지 않는다면, 핸드폰을 없애거나 2G폰으로 바꾸면 된다. 집에 있으면 자꾸 침대에 눕고 싶고, 잡념이 든다면 집에서 공부해선 안 된다.

과거의 나, 현재의 나

과거의 필자는 공부량만 확보할 줄 알았고, 더 효율적인 방법에 대한 고민은 게으르게 했다. 자꾸 실패하는 데도 어떻게든 극복하려고 했고, 극복이 되지 않아 스스로를 많이 자책했다. 20대 후반이 될 때까지 계속 그런 자책이 이어졌고, 공부방법을 연구하며 수백억 자산가, 수많은 서울대 출신의 사람들을 만나면서 '아! 나만 그랬던 게 아니었구나.'라는 사실을 깨달았다.

하지만 나와 달랐던 점이 있었다. 바로 자기 자신을 있는 그대로 받아들이고, 그에 대한 적합한 방법을 끊임없이 찾았다는 점이다. 예를 들어 이틀 동안 100페이지를 공부해야 하는 상황이라면, 필자는 다음과 같이 생각했다.

'한 시간에 5페이지 정도 외울 테니, 20시간을 공부해야겠다.'

당연히 계획은 실패했다. 반면에 필자가 연구한 사람들은 '어떻게 하면

한 시간에 10~20페이지를 공부할 수 있을까?', '정말 저 100페이지를 다 공부해야 할까?' 등 계속해서 패러다임을 전환하며 다방면으로 해결책을 모색했다.

필자도 이제는 자기 자신을 있는 그대로 받아들이고, 계속해서 새로운 관점으로 보려고 노력한다. 또 이런 시도는 나 혼자의 힘으로는 굉장히 비효율적일 때가 많다는 것도 알고 있다. 그래서 나와 다른 방식으로 일을 처리하는 사람들을 책이나 영상을 통해 보거나, 직접 찾아다니며 배우기도 한다.

계획을 세우는 것만으로도 의미가 있다

필자는 항상 매일매일 계획을 세우고, 최대한 이행하려고 노력한다. 하지만 100% 이행되는 경우는 거의 없다. 보통 일주일 계획이행률은 보통 70~80% 정도다. 하지만 이행하지 못한 부분에 대해 그다지 아쉬운 마음이 들진 않는다. 필자가 존경하는 현대그룹을 창설하신 정주영 회장님께서 하신 말씀이 있다.

"하루가 72시간이어도 모자랄 정도로 바쁘다."

그냥 넘길 수도 있는 부분이지만, 결국엔 본인이 하고 싶은 일을 다 하지 못한다는 뜻이다. 그저 할 수 있는 수많은 일 중 무엇이 더 중요한지 우선순위를 정하고, 최대한 집중과 몰입을 하면 되지 않을까 생각해본다.

08

칠판 수업 vs 1:1식 수업,
우리 아이에겐
뭐가 좋을까?

이럴 때 도움이 돼요!

1. 아이가 과연 칠판 수업을 제대로 소화할 수 있을지 고민될 때

2. 칠판 수업, 1:1식 수업의 특징과 아이에게 맞는 전략을 모색하고 싶을 때

3. 학원에서 내주는 과제가 과연 아이에게 정말로 필요한 건지 의심될 때

고등학생 때 처음으로 수학 강사가 되기로 결심했다. 그러다 보니 대학생이 돼서 했던 일들도 수학 과외, 수학 보조 강사 등 전부 수학 교육과 관련된 일이었다. 군대를 다녀오고 나서도 수학 강사가 되겠다는 꿈은 변하지 않았다. 그래서 제대 후 1년 동안 휴학을 하며 처음으로 수학 전임강사로 작은 학원에서 근무하게 됐다. 필자가 경험한 첫 학원은 판서식 수업을 하는 곳이었다. 그 당시에 필자가 알고 있는 교육 모델은 과외, 칠판 수업밖에 없었다.

첫 학원의 특이한 점이 하나 더 있었는데, 원장 선생님과 필자 둘이서만 수업을 진행하는 시스템이었다. 원장 선생님은 영어, 필자는 수학을 맡았다. 경험이라곤 보조 강사, 과외를 살짝 해본 것밖에 없는 상태에서 초등부, 중등부, 고등부 수학 전체를 맡아야 한다는 부담감과 책임감은 상당했다. 수학 수업에 대해 조언해주는 사람이 한 명도 없어 항상 답답한 마음이 들었다. 못살게 구는 성질 더러운 상사여도 좋으니, 필자에게 방향을 알려줄 사람이 있었으면 하는 생각이 자주 들었다. 필자가 어떻게 수업을 하든 칭찬해주는 사람도, 혼내는 사람도 없는 환경은 그다지 유쾌하지 않았다. 그래도 처음 일을 시작했을 때 15명 정도였던 원생 수가 6개월 뒤에 50명으로 늘어났던 걸 보면 그래도 필자의 진심이 학생들에게 잘 전달됐던 것 같다.

이번 장에서는 필자의 경험을 토대로 칠판 수업과 1:1식 수업의 특징을 살펴볼 것이다.

칠판 수업, 진도를 빠르게 빼는 장점이 있다?

앞 학원에서 근무했던 시기는 10월 말이었다. 2학기 중간고사가 보통 10월 초에 끝나고, 11월 정도부터 슬슬 기말고사 내신 대비에 들어가기 시작한다. 학생들의 상태를 보니, 상위권인 한두 명 말고는 기본 개념조차 잘 숙지되어 있지 않았다. 그래서 학생 하나하나 핵심 내용이 무엇인지 잡아주고 계속해서 구두 테스트를 봤다. 시험지도 직접 만들어서 진행했다. 기출 문제들을 분석해서 시험에 반드시 나오는 유형 15개 정도를 반복 숙달시켰다. 결과는 대성공이었다. 50점도 안 되던 학생들의 성적이 80~90점으로 올랐다. 100점으로 도약한 학생도 있었다. 특정 학생 몇몇의 성적이 오른 게 아니라 전체 평균이 30점 이상 오른 것이었다.

여기서 하나 짚고 넘어갈 점이 있다. 학생들의 성적을 끌어올리는 과정에서 정규 수업시간만으로는 절대 불가능한 상황이었다. 퇴근하고 집에 가면 학생별로 부족한 점이 무엇인지 파악하고, 자료를 만들었다. 어떻게 하면 쉽게 이해시키고 아이의 머릿속에 오랫동안 각인시킬 수 있을지 고민하고 분석했다. 그렇게 준비하다 보면 보통 적게는 5시간에서 많게는 8시간이 소요됐다. 학원에는 항상 두세 시간 일찍 출근해서 학생 개인별로 보강 수업을 진행했다. 이렇게 했기 때문에 아이들의 성적이 오른 것이지, 칠판 수업 시스템 덕에 성적이 오른 건 절대 아니었다.

학원을 고르는 학부모들을 보면 결국엔 칠판 수업을 선택하는 경우가 많다. 그 이유는 대부분 진도를 빼는 속도 때문이다. 방학이 끝날 때마다 6개월~1년 치의 선행학습이 끝나니 매력적으로 보일 것이다. 하지만 그건 명백한 욕심이다. 10만큼을 소화할 수 있는 아이에게 20~30씩 강요한다고 과연 소화할 수 있을까. 당연히 소화하지 못한다. 일반적으로 수업은 그 클래스 학생들 수준의 평균 정도에 맞춰서 진행하는 게 정석이다. 하지만 선행학습은 조금 다르다. 학생과 학부모 모두 선행학습에 혈안이 되어 있다. 또 중학교를 졸업할 때까진 아이의 선행학습 상태가 엉망이더라도 학부모와 아이를 속이는 것이 가능하다. 그러다 보니 대부분 수학 학원 선행학습 진도는 중위권 학생이 아닌, 그 클래스에서 제일 잘하는 한두 명의 수준에 맞춰서 수업이 진행된다. 우리 아이가 최상위권이라면 칠판 수업도 나쁘지 않을 수 있다. 이미 학습능력이 갖춰져 있고, 알아서 잘 소화할 수 있기 때문이다. 하지만 아이가 중하위권, 또는 적당한 상위권이라면 칠판 수업을 소화하는 건 매우 어렵다고 봐야 한다. 아니, 불가능하다고 보는 게 맞다.

다음은 필자에게 학생들을 인계해준 강사가 했던 말이다.

"이 아이들은 똘똘해서 잘 따라오는데, 얘네들은 힘들어요. 어쩔 수 없어요."

'어쩔 수 없다.'는 표현을 사용했던 게 기억에 남는다. 최상위권 학생들은 과외를 하든 1:1식 수업을 하든 혹은 인강을 듣든, 아예 개념서를 갖고 혼자 공부하더라도 큰 차이가 없다. 우리 아이를 객관적으로 평가해볼 때 최상위권이 아닌 것 같다면 칠판 수업은 반드시 피해야 한다.

1:1식 수업을 시작하다

처음 근무했던 학원에서 많은 경험을 했다. 10개월간의 근무가 끝나고 대학에 다시 복학하게 되어 원장 선생님께 "졸업하고 다시 돌아오겠다."고 말했다. 그리고 졸업한 뒤에 다시 그 학원에서 경력을 이어갔다. 복학을 위해 학원을 떠날 당시 원생 수는 15명에서 50명 이상으로 늘어나 있었다. 그런데 돌아와 보니 20명을 조금 넘는 인원이 전부였다. 고1까지만 가르치던 학원에서 고등부 전체로 확장되어 있었다. 대학을 졸업하고 돌아온 필자에게 원장 선생님은 고등부 수학을 맡겼다. 급여도 월급제가 아닌 비율제로 하기로 했다. 그런데 학원에 갔을 때 너무 당황스러웠다. 고등부 학생은 네 명밖에 없었다. 예비 고2 두 명, 예비 고3 두 명이 전부였다. 원장 선생님이 너무 야박하다고 하는 사람들도 있었지만, 필자는 크게 신경 쓰지 않았다. 실력이 있고 성과를 내면 어차피 학생들은 많아질 거라는 확신이 있었기 때문이다. 그리고 3개월 만에 고등부 원생 수는 27명이 되었다. 이런 성과를 만드는 과정에서도 역시 엄청난 시간과 노력을 쏟아부었다. 주 6일 근무도 적지 않은 업무량이었지만, 휴일까지 출근하며 학생들을 관리했다. 고등부는 자습시간 확보가 굉장히 중요했기 때문에 근무일에도 세 시간 일찍 출근해 자습 지도를 하며 아이들의 부족한 공부량과 수학 지식을 채워주었다.

그러나 점점 한계를 느끼기 시작했다. 과도한 업무량에 몸이 버티질 못했다. 수액을 맞는 일이 빈번했고, 머리가 터질 듯이 아파 미간에 주사를 맞기도 했다. 수업 중에 순간적으로 정신이 멍해지고 머릿속이 하얘지는 경험도 수시로 했다. 필자가 이렇게 미친 듯이 아이들을 관리한 이유가 책임감과 일 자체에 대한 재미가 컸기 때문인 것은 사실이다. 하지만 한편으로는 칠판 수업의 한계 때문에 그 부분을 메우느라 추가적인 노력을 할 수밖에 없던 것도 크다. 그래서인지 칠판 수업이 아닌 다른 형태의 수업이 눈에 들어오기 시작했다.

한편 필자가 학원에 있을 때와 없을 때의 차이를 느낀 당시 원장 선생님은 필자의 실력을 인정하고, 분원을 준비하며 필자에게 분원에 대한 원장직을 제안했다. 당시 전임강사로서의 경력은 1년 6개월밖에 되지 않았었고, 나이는 스물일곱 살이었다. 원장직을 맡게 되면 학원 운영에 많은 에너지를 쏟아야 한다. 하지만 아직 강사로서의 실력을 쌓는 데에만 집중하고 싶었고, 칠판 수업의 한계를 느껴 1:1식 수업 시스템을 경험하고 싶은 마음이 커지고 있었다. 긴 고민 끝에 결국 원장직 제안을 거절했다. 그리고 1:1식 수업을 진행하는 학원으로 이직했다.

1:1식 수업에 대한 필자의 첫 느낌은 칠판 수업과는 완전히 다른 영역이라는 점이었다. 칠판 수업을 하던 당시 하루에 세 개 클래스의 수업을 진행했다. 어느 부분을 나갈지 정확하게 정해져 있으므로 수업을 준비하는 게 크게 부담되지 않았다. 하지만 1:1식 수업은 달랐다. 하루에 관리하는 학생 수는 9~10명 정도밖에 되지 않았지만, 학생 한 명 한 명의 교재가 전부 달랐다. 진도도 전부 달랐으며 학년도 중1부터 고3까지 다양했다. 최상위권 학생도 있었고, 반대로 최하위권 학생도 있었다. 즉 수업을 준비하는 게 거의 불가능했다. 수학 강사로서의 실력이 쌓여 있지 않으면 제대로 된 수업이 불가능한 구조였다. 이직 후 첫 3개월 동안 50권이 넘는 수학 교재들을 쉴 틈 없이 분석했던 기억이 아직도 생생하다.

그래도 필자가 기대하던 상황과 꽤 잘 맞아떨어졌다. 칠판 수업을 하던 시절, 필자가 아무리 꼼꼼하게 학생들을 관리했다곤 하지만, 100% 완벽하게 케어하지는 못했다. 학생들의 성적은 향상됐지만, 더 많이 향상시킬 수 있었는데 그러지 못한 아쉬움이 컸다. 그런데 1:1식 수업에선 추가 수업 없이도 아이들을 꼼꼼하게 케어하는 게 가능했다. 그리고 칠판 수업만으로는 파악하기 어려웠던 아이들의 더욱 세부적인 공부 습관, 행동 패턴 등을 관찰할 수 있었다.

1:1식 수업을 찾는 아이들은 누구일까?

1:1식 학원을 찾는 학생과 학부모는 누구일까. 물론 다양한 학생과 학부모가 학원을 찾지만, 그중에서도 특히 많은 비중을 차지하고 있는 아이들이 있다. 먼저 하위권 학생이다. 많은 학원에서 입학 테스트라는 상술을 이용해 본인들이 관리하기 편한 학생들만 걸러서 받는 경우가 많다. 그렇게 대형 학원에서 거부당한 아이들이 필자가 근무하던 학원을 찾았다. 이런 아이들의 특징 중 하나는 기본기가 많이 부족하다는 것이다. 다시 말하면 채워주어야 할 부분이 아주 많다는 뜻이다. 예를 들어 고등학교 2학년 아이인데, 고1 내용뿐 아니라 중등 내용 중에서도 제대로 이해하고 있는 게 많지 않았다. 운동부를 하다가 부상으로 인해 운동선수의 꿈을 접어야 하는 아이도 있고, 예체능쪽을 준비하다가 방향을 튼 아이도 있었다.

이렇게 하위권 학생, 그중에서도 최하위권인 학생만이 1:1식 학원을 찾는건 아니다. 반대로 최상위권인 학생도 필자가 근무하던 학원을 많이 찾았다. 생각보다 최상위권 학생들은 성실하지 않다. 좀 더 정확하게 말하면 성실한 건 맞지만, 무식하게 공부하지는 않는다. 최고의 효율을 추구하며 본인에게 필요한 게 무엇인지 찾아내는 연습이 잘 되어 있다. 그래서 최상위권 학생들의 이야기를 들어보면 칠판 수업은 굉장히 답답하다고 말하는 경우가 많다. 혼자 할 수 있는 부분은 굳이 수업을 듣지 않아도 된다. 또 현재 본인에게 필요한 과제는 따로 있는데, 그에 맞지 않는 과제를 받는 경우도 많다. 일반적인 학생이라면 학원에서 알려주는 대로 배우고, 내주는 대로 푼다. 하지만 최상위권 학생들은 대부분 본인에게 필요한 것을 스스로 판단했다. 자기주장이 확실했다. 그래서 1:1식 학원을 찾는 경우가 많았다.

지도했던 한 아이는 고2 때 필자에게 수학을 배우기 시작해서 수능 때까지 쭉 있었고, 수학 나형에서 1등급을 받았다. 그런데 아마 다른 사람이 봤을 땐 필자가 거저먹는 것처럼 보였을지 모르겠다. 아이는 한 번에 세 시간씩 주 3회 지도를 받았는데 거의 자습만 했다. 세 시간 내내 자습만 하다가 하원 하는 경우도 종종 있었다. 이 아이는 왜 필자에게 수학을 배운 걸까. 그리고 이런 식의 수업이 진행됐는데 어떻게 수능 수학에서 1등급을 받았을까. 바로 아이에게 필요한 것들만 정확하게 제공했기 때문이다. 대부분 내용을 혼자 개념서를 읽으며 이해하고, 문제까지 무난하게 풀어내는 아이였다. 필자가 아이에게 제공한 건 크게 두 가지였다. 하나는 아이의 수준에 맞는 문제 자료와 양을 계속해서 제공해준 것이었다. 또 하나는 아이가 푼 문제들을 분석해주는 것이었다. 특정 문제의 풀이 과정을 보며 어떤 개념을 다시 복습해야 하고, 어떤 유형의 문제를 연습시켜야 하는지 파악해준 것이었다. 아이의 성실성이 물론 중요하지만, 이러한 관리가 있었기 때문에 좋은 성과를 만들 수 있던 것이다.

칠판 수업 vs 1:1 수업 차이점

칠판 수업과 1:1식 수업의 차이점은 크게 세 가지가 있다. 첫째는 학생을 진단하는 능력이다. 둘째는 수업에서 강사가 차지하는 비중이다. 셋째는 과제다.

1:1식 수업을 제대로 진행할 수 있는 강사는 칠판 수업만 해본 강사들과는 조금 다르다. 수학적 능력의 차이가 크다는 뜻이 아니다. 수학 강사 대부분이 당연히 수학 문제를 잘 푼다. 초보 강사이거나 정말 대충대충 수업하는 강사가 아닌 이상 당연히 경력이 쌓일수록 수학 문제를 잘 풀 수밖에 없다. 하지만 중요한 건 강사의 문제 풀이 실력이 아니라, 학생의 상태를 진단하는 능력이다. 학생의 공부하는 패턴이나 문제 풀이 과정, 강사에게 던지는 질문 등을 보고 학생의 상태를 파악하는 능력이 중요하다. 1:1식 수업에서는 학생 한 명 한 명과 계속해서 소통하다 보니 파악이 잘 될 수밖에 없다.

또 칠판 수업의 경우 수학 교재의 모든 내용을 하나하나 강사가 설명한다. 반면에 1:1식 수업에서는 학생 스스로 개념서를 읽고 이해하고 문제를 풀어보는 비중이 크다. 즉 칠판 수업에서는 100% 강사가 다 알려준다면, 1:1식 수업에서는 강사가 알려주는 비중은 10~30% 정도다. 학생이 70~90%를 스스로 공부한다. 혹시 학생 스스로 하는 비중이 너무 커서 제대로 이해하지 못한 부분이 많진 않을까 걱정되는가. 실제로 학생 스스로 공부한 내용 중 잘못 이해하고 넘어가는 경우도 종종 발생한다. 하지만 강사가 모든 내용을 알려줄 때 오히려 학생들이 놓치는 부분이 비교도 안 될 정도로 많다는 것을 경험으로 알고 있다. 아무리 강사가 꼼꼼하게 알려준다고 해도 아이들은 100 중에 평균적으로 10~20 정도를 알아듣는다고 보면 된다. 과장이 아니다. 수업 직후에 바로 배운 내용을 하나하나 물어보더라도 아무것도 대답하지 못하는 경우가 많다. 본인이 직접 읽고 생각해보지 않은 내용은 하루도 안 돼서 전부 증발한다. 그리고 강사의 설명만 대충대충 편하게 듣는 것에 길들여져 있는 아이들은 개념서를 스스로 읽지 못한다. 귀찮아서 안 읽는 게 아니라, 읽고 이해할 수 있는 학습능력이 되지 않는다는 뜻이다. 그러다 보니 계속해서 강사에게 의존할 수밖에 없는 악순환의 고리에 빠지게 된다.

마지막으로 과제다. 한번 다음 상황을 머릿속에 그려보자. 필자가 강의실에서 칠판 수업을 하고 있다. 강의실에 앉아 있는 학생은 20~30명 정도다. 오늘 수업 내용이 어려웠는지 학생들이 개념도 잘 이해하지 못한 눈치고, 문제도 잘 풀어내지 못한다. 그래서 다시 한번 설명하고 기본 문제를 조금 더 풀어보게 한다. 그렇게 수업이 끝나고, 심화 문제보다는 기본 문제 위주로 다량의 과제를 냈다고 해보자. 과연 클래스의 모든 학생이 수업을 이해하지 못했을까. 한 번에 이해하고 기본계산 문제 정도는 거뜬하게 풀어낸 아이들도 분명히 많았을 것이다. 그런데 그런 아이들에게 기본계산 문제를 푸는 과제가 적합할까?

아니면 반대의 상황을 생각해보자. 학생 대부분이 내용을 잘 이해하지 못했고, 기본 문제도 제대로 풀어내지 못하고 있다. 하지만 원장 선생님의 압박으로 어쩔 수 없이 진도를 신속하게 빼야 하는 상황이다. 내용을 잘 이해한 2~3명에 맞춰서 계속해서 수업을 진행한다. 필수 유형 문제들을 다루고,

심화 문제까지 풀어준다. 그리고 과제로는 필수 유형 문제와 심화 문제를 냈다. 과연 학생들이 이 과제를 잘해올 수 있을까? 2~3명을 제외하곤 손도 대지 못할 것이다. 하지만 마냥 숙제를 안 해갈 순 없으니 주변 친구들이 푼 것을 대충 베껴갈 것이다.

칠판 수업은 성실하기만 한 아이들에게 독이 된다. 그저 선생님이 시키는 대로 맹목적으로 공부하는 아이들에게 필연적으로 엄청난 시간적 손해가 따른다. 본인에게 필요한 맞춤형 과제가 부여되지 않기 때문이다. 피아니스트에게 피아노 연주 실력 향상을 위해 리코더를 불도록 한다면 리코더를 분 시간 만큼 의미 없는 낭비가 되는 것이다.

중요한 건 강사의 능력과 소신

하지만 1:1식 수업이라고 무조건 좋은 건 아니다. 칠판 수업이든 1:1식 수업이든 기본적으로 학생과 학부모가 원하는 것은 다르지 않다. 대부분이 빠른 진도를 원한다. 칠판 수업을 하던 학원에서 원장 선생님의 요구는 학생이 따라오든 말든 일단 정해진 분량의 진도를 나가라는 것이었다. 1:1식 수업도 다른 건 아니었다. 아이가 소화하지 못할 만큼의 진도를 무리해서 빼는 강사들도 적지 않았다. 그 이유 중 하나는 학부모의 과제량에 대한 컴플레인 때문이다. "과제를 왜 이렇게 조금만 냈냐. 아이가 과제 다 끝냈다면서 놀고 있다."고 항의하는 것이다. 이런 항의 때문에 거의 모든 학원에서 학생이 절대로 할 수 없을 만큼의 과제를 내고 있다.

만약 아이가 책상에 온종일 앉아서 학원 숙제만 붙들고 있다면, 열심히 하는 모습에 마냥 기뻐하기에는 너무 위험하다. 칠판 수업 학원이라면 어쩔 수 없지만, 1:1식 수업이라면 아이의 담당 강사와 과제를 조율할 수도 있다. 학생에 대한 파악하는 능력이 부족한 강사들이 많은 것도 사실이지만, 충분히 파악했음에도 학원의 압박 등으로 인해 어쩔 수 없이 비효율적인 과제를 내는 경우도 많다. 진도 속도나 과제량 등으로 항의하지 말고, 우리 아이에게 맞는 속도와 과제량을 담당 강사와 상의하며 정확하게 파악해야 한다.

참고로 필자는 1:1식 수업을 진행할 때 과제량에 대해 타협하지 않았다. 학생의 상태를 정확하게 파악할 자신이 있었고, 학생별로 어떻게 공부해야 할지 알맞은 방향을 잡아줄 수 있었기 때문이다.

"선생님, 아이의 진도가 너무 느린 것 같아요. 주변 친구들을 보면서 많이 조급해하는 게 보이거든요. 혹시 조금 더 빠르게 진도를 빼주실 순 없을까요?"

"원하신다면 진도를 더 빠르게 뺄 순 있습니다. 그런데 제가 아이의 상태를 파악해봤을 때, 중등 수학 중에 메워야 할 부분이 조금 있거든요. 그래서 아이의 비어 있는 부분을 채우면서 동시에 현재 진도도 병행하려면 진도가 느릴 수밖에 없어요. 어떻게 할까요? 그냥 현행만 진행할 수도 있긴 해요. 다만 아이한테 크게 도움이 되지는 않을 거예요."

사실 메워야 할 부분이 조금인 것도 아니었다. 중등과정 대부분이 안 되어 있어서 핵심적인 부분들만 우선적으로 메우고 있는 상태였다. 다행히 학부모는 필자의 말에 동의했고, 계속해서 아이를 보냈다. 아이의 고1 수학 성적은 5~6등급이었다. 그리고 필자와 함께 공부하면서 고2 수학 성적이 4등급까지 올랐다. 혹시 최상위권으로 극적인 도약을 한 게 아니라서 조금 아쉬운가. 물론 극적인 도약을 이뤄낸 케이스도 있긴 하다. 하지만 그런 경우는 학생한테까지 큰 변화가 있을 때 일어난다. 상위 11%까지가 2등급이다. 그리고 23%까지가 3등급이다. 즉 10명 중 2명만이 1~3등급의 성적을 받을 수 있다. 공부시간 자체가 확보되어 있지 않은 상태에서 아무리 좋은 수업을 듣고, 효율적인 방법을 배우더라도 성적향상에는 한계가 있다. 4등급까진 올라갈 수 있으나, 3등급부터는 학생의 끈질긴 노력이 중요하다.

필자가 현재 자기주도학습을 연구하는 이유가 이 때문이다. 수학을 가르치는 것만으로는 아이의 태도를 바꾸고, 공부 습관 자체를 뜯어고치는 게 불가능하다고 판단했기 때문이다. 공부법 자체를 하나하나 교정하며 기존의 습관을 변화시키는 건 정말 고된 작업이긴 하다. 성적의 변화가 즉각적으로 일어나지 않을 때도 많다. 하지만 하루에 한 시간도 공부하지 않던 아이가 서너 시간씩 공부한다. 다른 아이들과 같은 페이지를 공부하고 있지만, 이해하는 깊이가 달라진다. 학원 의존도가 사라지고 실제로 다니던 학원을 그만둔다. 최종적으로는 필자의 도움 없이도 혼자 공부할 수 있는 상태가 되기도 한다. 모든 학생이 이 상태가 되는 것이 필자의 목표이다.

1. 객관적으로 볼 때 아이의 수학 실력이 최상위권이 아니라면, 판서 수업으로 선행학습을 나가는 건 매우 위험하다.

2. 칠판 수업에서 내주는 과제는 필연적으로 아이에게 시간적인 손해를 안겨준다. 클래스 평균에 맞춘 과제다 보니, 아이에게 필요하지 않은 부분들이 상당량 끼어 있을 수밖에 없다.

3. 주변 또래 자녀를 보며 불안한 마음이 들어 학원에 진도를 더 빨리 뺄 것을 요구하고 있진 않은가. 그럴수록 아이에게 의미 없는 공부시간이 늘어나고 있을 수도 있다.